Car ◆ navigation ◆ information ◆

汽车导航 ◆ 信息服务 ◆ 与交互设计研究 ◆

service ◆ and ◆ interaction ◆

design ◆ 辽宁美术出版社 ◆ 张超 著 ◆

Liaoning ◆ Fine Arts ◆ Publishing House ◆

图书在版编目（CIP）数据

汽车导航信息服务与交互设计研究 / 张超著. — 沈阳 : 辽宁美术出版社, 2022.3
ISBN 978-7-5314-8995-5

Ⅰ.①汽… Ⅱ.①张… Ⅲ.①汽车—全球定位系统（GPS）—技术 Ⅳ.①U46

中国版本图书馆CIP数据核字（2021）第142655号

出 版 者：辽宁美术出版社
地　　址：沈阳市和平区民族北街29号　邮编：110001
发 行 者：辽宁美术出版社
印 刷 者：辽宁鼎籍数码科技有限公司
开　　本：889mm×1194mm　1/32
印　　张：7.25
字　　数：200千字
出版时间：2022年3月第1版
印刷时间：2022年3月第1次印刷
责任编辑：罗　楠
版式设计：罗　楠　杨贺帆
封面设计：彭伟哲　马　欢
责任校对：郝　刚
书　　号：ISBN 978-7-5314-8995-5
定　　价：59.00元

邮购部电话：024-83833008
E-mail：lnmscbs@163.com
http://www.lnmscbs.cn
图书如有印装质量问题请与出版部联系调换
出版部电话：024-23835227

前言

汽车在问世之初不过是承接了马车的任务而已，人们不曾预想它会对整个运输系统，甚至整个社会造成巨大的影响。作为目前城市居民重要的出行工具，汽车数量及人们花费在车内的时间都在增加，车联网和普适计算环境的发展则增强了车与车、车与环境、车与人、车与其他智能设备的联系，车内用户可以随时随地地访问各种信息和资源，汽车已经成为用户移动计算生活中不可缺少的一部分，汽车正经历从单纯的运载工具到个人智能空间的转变。这种变化影响着汽车驾驶行为的三个主体（人、车和环境），在新趋势下，人、车和环境三个主体不断相互影响并重构着自身的特征，汽车不仅对城市居民的生活方式产生影响，也对整个社会的发展具有重要作用。

当下，汽车的智能化已成为一种必然的发展趋势，而汽车导航系统作为车内重要的辅助驾驶系统，汽车导航系统的功能也随着计算机、互联网以及导航相关技术的发展得到很大的提升，成为智能交通系统中的重要组成部分。它不仅可以在陌生环境中为用户提供路线和位置等空间信息，也能够提供实时的交通信息及信息咨询，对于提升用户驾车出行的效率、安全和体验性起到重要的作用。另外汽车导航通过提供位置服务（LBS-Location Based Service），借助功能庞大的GIS（地理信息系统）系统，汽车导航能为用户提供丰富的出行生活信息。这些信息深刻影响着用户的出行和驾驶行为，对人们日常生活甚至整个城市交通环境都起到重要的作用。

汽车导航系统的使用过程也是用户与导航系统的人机交互过程，因此汽车导航的交互设计是实现汽车导航功能的关键问题，而汽车导航信息服务的多样化反映了目前城市居民的信息化出行需求。汽车导航交互设计的难点在于车内外的复杂驾驶情境，作为辅助驾驶系统，汽车导航的交互行为往往直接影响驾驶行为，信息服务内容与用户的出行活动紧密相关。因此汽车导航信息服务设计与交互设计更需严谨及细致地分析驾驶用户的各项行为特征才能处理交互设计中各元素之间的结构和关系。任务分析最初源于对工作流程的相关研究，随着计算机技术及相关理论的发展，任务分析引起很多研究学者的注意，并被广泛用于交互设计领域的研究中。目前的任务分析往往融合了心理学及社会学相关研究成果，其研究范围和复杂性已逐渐提高。从问题解决的角度看，任务是人们解决问题的过程，任务分析（Task Analysis）的目的是要根据领域、目标、意图和任务相关内容的分析和理解帮助交互式系统中的用户找出问题空间（Problem Space），为用户提供解决问题并达成目标状态的支持。任务包含目标与需求特点，也可以反映用户的行为特征，对于交互设计具有重要的指导意义。本书的核心是研究汽车导航信息服务与交互设计方法，从任务分析的角度明确任务领域及映射的人机交互任务特征，系统地分析汽车导航信息服务与人机交互中的需求、功能及使用安全等问题，为汽车导航信息服务与人机交互设计提供一定的理论及实践支持。

本书通过任务分析理论相关方法对汽车导航信息服务设计与交互设计及方法相关问题进行了系统和结构性研究，目的是通过研究对汽车导航交互设计工作提供有价值的指导，以提升汽车导航人机交互的可用性和体验性。主要研究问题包括以下两个方面：汽车导航系统是车内重要的辅助驾驶系统，其功能主要是提供基于位置的信息服务，帮助驾车用户完成路线规划任务；路线规划是一项涉及空间认知及空间行为规划的策略型任务，用户需要掌握必要的任务知识，经过认知、决策和执行等一系列过程来完成路线规划，而汽车驾驶过程中的路线规划任务受到多种因素的影响，驾车移动任务跨越一定的空间和时间维度，行车路网环境的不确定性和用户出行需求具有多样性导致汽车导航系统功能及交互需求具有特殊和层次性特征。如何分析用户对汽车导航系统功能及交互的需求特征，将驾车移动过程中的路线规划任务需求特征映射到交互设计中，以提高汽车导航系统功能及交互的可用性、有效性和体验性是本书研究的第一个主要问题；驾车用户在使用汽车导航的人机交互过程中，用户与导航系统的交互行为属于驾驶人车内次任务，由此造成了车内典型的多任务特征，交互行为与驾驶行为形成了一种紧密又冲突的关系。分析冲突关系的特征并通过交互设计方法协调处理导航交互行为与驾驶行为的关系，减少任务冲突和安全隐患，增强导航的辅助驾驶优势，减少干扰驾驶任务产生的副作用是本书研究的第二个主要问题。

基于汽车导航人机交互的特殊性，在理论层面，本书在研究中结合了设计学、认知心理学、地理学、交通运输和计算机等学科相关理论，具有多学科理论特征。在研究方法上，根据汽车导航领域任务与人机交互任务特征，针对研究的不同阶段和内容采用了文献研究、实验分析、用户深度访谈、问卷调查、案例分析与引证等研究方法。

本书的主要内容有以下四个方面。

1. 对汽车导航人机交互中的路线规划领域任务特征及影响因素进行了系统和深层分析，提出了汽车导航系统及交互对路线规划任务的作用机制，明确了汽车导航人机交互任务与领域任务的映射关系，提出汽车导航人机交互过程中路线规划任务的主要任务类型及任务结构特征。

2. 研究认为，路线规划任务是一项行为规划任务，任务知识的获取及加工直接影响任务的完成效绩，基于汽车导航过程中路线规划任务情境及任务相关知识特征分析结论，明确了汽车导航中用户的路线规划任务决策机制。结合情境意识理论对汽车导航交互过程中的情境意识特征进行分析，提出了汽车导航情境意识中感知、理解和预测的内容及特征。根据情境意识的形成机制，提出心理模型是构建情境意识的关键因素，将情境意识划分为结构、因果和时序模型，明确三部分模型的具体内容及与情境意识构建作用，及其与汽车导航人机交互任务的关系。

3. 与驾驶任务的冲突是汽车导航人机交互中的重要问题，本书通过对汽车导航多通道交互过程的分析，构建了汽车导航多通道交互模型，归纳各个通道的功能、技术支持及设计要素特点，结合驾驶任务资源分析，提出了汽车导航人机交互任务与驾驶任务资源冲突特点，完整描述了汽车导航人机交互任务中的行为动作特征，为减少汽车导航交互设计多任务造成的安全性问题提供了理论依据。

4. 研究认为从领域任务转换为交互任务的过程需要用户将领域任务目标转换为交互意图，通过人机交互任务获得的价值与意义用于完成下一步的任务，因此移动任务及路线规划任务的完成依赖于用户、导航系统及汽车任务之间的不断转换。根据第二、三和四章的内容，研究将汽车导航人机交互任务划分为用户任务、导航系统应用任务和交互任务，提出了三种任务设计的关键问题与目标，并在此基础上以交互设计具体对象为线索，从微观的角度，提出面向任务的交互设计方法与策略。

目录
Contents

03

第三章　汽车导航交互中的任务认知与决策

04

第四章　汽车导航信息服务与交互中的任务
　　　　资源

05

第五章　**基于任务的汽车导航信息服务与交
　　　　互设计方法**

01

第一章

汽车导航信息服务与交互设计研究概述

第一节　研究背景与意义

一、研究背景

作为目前城市居民重要的出行工具，汽车数量及人们花费在车内的时间都在增加。汽车不仅对城市居民的生活方式产生影响，也对整个社会的发展有着重要的作用。科技的发展，尤其是计算科学、网络技术的发展使作为重要交通工具的汽车也经历着科技化的演变。随着车内电子元器件、传感器和执行器的增多，汽车智能化已成为一种必然的发展趋势，各个汽车品牌均推出了自身的智能交互系统，如图1-1。目前看，汽车智能化的表现体现在以下部分：首先，汽车本身智能控件的增多，使车本身不仅可以更好地实现行驶功能，也可以借助智能化的信息系统实现更多的功能；其次，从车内用户的角度看，当用户舒服地坐在车内，享受着宽大的显示屏、智能化的驾驶辅助系统和高速网络连接时，其行为可能不再局限于单纯地操控汽车、收音机等；再次，对于环境而言，汽车智能化发展是

图1-1　人车智能交互系统

智能交通系统的重要组成部分，通过与智能交通系统的结合，车与环境的交互性将增强，通过对路网系统行驶车辆的了解可以有效控制道路拥堵等现象，使行驶更加效率，交通环境会得到更好的改善，而汽车对环境的污染等负面影响也将减少。汽车导航系统是车内信息系统的重要组成部分，也同样经历着智能化的转变。汽车导航系统提供的服务属于位置服务（LBS-Location Based Service），结合驾车及乘车用户需求提供位置相关的信息服务。借助功能庞大的GIS（地理信息系统）系统，汽车导航能为用户提供丰富的地理空间相关的信息。这些信息都是用户在日常驾车过程中必要和充分的出行信息，深刻地影响着用户的出行和驾驶行为。实际上驾车出行活动本身就是一种空间行为，位置及交通环境的动态化使空间相关的信息成为用户重要的信息需求之一，而汽车导航系统正是通过自身功能满足汽车用户这种空间相关信息需求。汽车导航系统通过参与用户的决策来影响用户的行为，进而作用于车、环境和人之间的合理关系，因此汽车导航是汽车信息系统中与外部环境联系较为紧密的部分之一。作为车内重要的辅助驾驶系统，汽车导航系统对实现用户车内生活与车外生活的无缝对接具有重要的作用，其功能使用户、环境及车之间建立了一种紧密的联系，同时对人、车和环境三个主体也分别产生了不同的影响。从微观层面看，汽车导航系统满足了用户出行信息的需求。汽车导航信息使用户的行程规划更便捷，也可以更合理地安排驾驶行为，使驾驶任务变得更加轻松；而从宏观层面看，通过与智能交通系统各个部分的合作，汽车导航系统可以增强用户与外部环境的联系，通过汽车导航系统提供的信息也较好地改善了城市交通环境和污染等问题。

　　汽车导航系统的重要性使得其交互设计也受到关注，汽车导航的交互设计是实现汽车导航功能的关键，良好的交互设计可以创造更加合理、安全、效率和愉悦的驾车体验，对人、车和环境之间产生合理关系的构建有着重要的意义。与行人导航或公共交通导航系统的交互设计相比，在导航内容及交互方式上，汽车导航的交互设计具有明显的特殊性。首先是受到汽车及驾车行为等因素的影响明显，表现在以下几个方面：一是车内交互具有复杂性特征，主要表现为驾驶任务本身的复杂层级性及多任务性。作为辅助驾驶功能，驾驶用户对车内导航的使用是典型的车内次驾驶任务，交互过程关系着驾车的安全问题；二是驾车出行目的多样性导致用户对导航内容需求的多样性；三是用户出行及驾车行为需求及习惯受到生活形态不断影响导致导航功能具有创新性；四是车内新技术的加入从功能内容及设备特征上为汽车导航交互设计提供了更多可行的解决方案，同时也提出了新的挑战。如在特斯拉中（图1-2），大尺寸的电子显示屏取代了传统的仪表板和中控部分，触屏操作也代替了传统车内的物理按键操作，新的信息架构及交互方式改变了用户对汽车控制的传统印象，而这种新的交互范式也将汽车导航的交互设计

图1-2　特斯拉车内界面

带入一个新的阶段。目前汽车导航的交互设计仍存在诸多不足，例如在辅助空间认知方面表现的不足，目前的导航路线规划仍不能做到零误差，存在用户盲目跟从指示信息导致南辕北辙的情况；导航路径规划与用户的行为习惯不符，如用距离数字取代用户心理模型中的路线表征方式，造成用户理解导航指示困难及认知负担等问题；一些导航系统以触屏为主要操作模式带来了与汽车驾驶任务之间的冲突，影响了驾驶的安全性。

二、研究内容及意义

随着汽车导航系统功能的不断更新以及人们使用导航系统的需求增加，在车内交互的特殊情境下，汽车导航的交互设计在可用性、体验性和安全性上面临更多的挑战，对汽车导航交互设计的研究具有重要的意义。本书以汽车导航交互设计为主要研究内容，通过结合汽车导航相关领域知识，结合多学科理论背景，利用交互设计相关原理和研究方法对汽车导航交互设计问题进行探讨。考虑汽车导航交互的特殊性，本书以任务分析为主要切入点。一是分析用户领域任务特征，领域任务决定着汽车导航系统的功能和交互特征，汽车导航人机交互过程中的用户领域任务主要是移动出行中的路线规划任务，研究内容包括路线规划任务对象、知识结构、影响因素等特征。二是路线规划实际是一种基于知识的策略型任务，为了更加符合驾车的特殊情境，本书从心理认知的角度，借助情境意识理论对汽车导航人机交互过程中的用户任务认知特征进行分析，通过分析，首先明确了用户交互过程中的认知及决策机制，提出了汽车导航人机交互中的情境意识三级模型及情境意识心理模型的分类与属性特征。三是对汽车导航多通道交互模型进行了研究，多通道交互模式表征汽车导航交互任务中的用户及系统行为执行特征，对于缓解车内多任务特征造成的任务冲突，本书在分析中引入了任务资源相关理论，从资源冲突的角度分析了多任务交互环境下用户的任务执行特征。四是基于前面内容的结论对汽车导航交互设计策略和方法进行了研究与分析，从宏观角度明确汽车导航交互设计中的设计关键问题和目标，从微观角度，针对设计具体对象进行了设计方法上的探讨。汽车导航下用户任务建模与分析可以辅助汽车导航交互设计过程中的知识复用及创新，通过结论可以在明确用户需求、构建界面结构及合理分配用户及系统之间行为方面有重要的指导意义。

第二节　研究综述与相关概念

一、服务与交互设计

1. 服务设计

服务设计，简而言之是对人们所使用的服务进行设计。菲利浦·科特勒（Philip Kotler）认为：服务是一种一方可以为另一方提供的行为或利益，它可能是无形的，并且是一种不能产生对任何事物的所有权的行为。服务设计的产物并非一定要与实体产品产生关联，但是可以与其产生关联。丹·塞弗（Dan Saffer）认为：服务是一些行为或事件，它们产生于消费者、媒介技术和服务组织，代表在服务产品中的交互行为。服务在许多的学科领域被定义且定义不尽相同。但如果从服务的特质来划分的话，可以概括成四点：无形性、多样性、生产与消费同时性和易逝性。

服务设计是自20世纪以来逐步被设计师觉察到的新领

域。1991年，Michael Er hoff博士首先在设计学科提出了服务设计的概念。2004年，为加深国际间的研究和教育，科隆国际设计学院、卡耐基梅隆大学、Linkopings大学、米兰理工大学、多莫斯设计学院联合建立起了服务设计网络。科隆国际设计学院的Stefan Moritz教授对服务设计的发展背景、新兴领域的意义、作用、途径，以及一些工具方法进行了详细的探讨。米兰理工大学的曼梓尼（Manzini）教授强调产品服务系统的设计，强调以无形的服务来部分替代能源物质的消耗。服务设计的应用和实践在欧美等国的发展具有代表性，并且各高校组织都将其运用到不同领域。

虽然服务设计学科的理论发展尚不成熟，但是它已在公共部门、教育、医疗和电子商务等领域如火如荼地展开，并逐步深入人们生活的各方各面。通过关注消费者的使用行为模式和交互模式，服务设计在给消费者带去更好的用户体验的同时，也创造了相应的价值。

服务设计遵循经济模式的发展，从对简单的单个产品设计的关注发展到对综合的服务系统设计的关注。它是一个全新的、整体的、跨领域的综合性领域，帮助创造新的服务或提高现有的服务水平，使它们令客户觉得更加有用、好用、满意，并且对组织来说更加有效率和效用。服务设计着重通过无形和有形的媒介，从体验的角度创造更好的概念。从系统和过程入手，为用户提供整体的服务。概括而言就是从"物"的设计发展到"事"的设计；简单地对单个系统"要素"的设计发展到对系统"关系"的总体设计；进而发展到对系统"内部因素"的设计转向对"外部因素"的整合设计。诺曼指出，用户对产品的完整体验远超过产品本身，这与我们的期望有关，它包含顾客与产品公司互动的所有。

层面：从刚开始接触、体验，到公司如何与顾客维持关系。服务设计关注人与个人或系统的交互关系，并从中创造服务。服务和服务设计通常会包含一系列的物理或电子产品，但其所指的概念更广于产品本身。

服务设计是设计学科的一个分支，融合了很多其他设计学科的方法。但最重要的特点就在于，服务设计的焦点在于整体的服务。由对物的设计过渡到对非物的设计已是当前我们设计的主要任务。设计就是在寻找可能性，将抽象的要求转化为具体的代码对象的能力是服务设计师需要具备的。科隆国际设计学院的 Mager 教授认为服务设计师在进行设计时有许多工作需要做，其中主要的工作是对还未付诸实践的服务设计方案进行策划、制定、视觉化。他们观察并解读用户的需求和行为，并将它们转化为潜在的未来的服务产品。

用户购买产品，实际上购买的是产品所带来的服务。购买汽车，是用户拥有了"移动服务"；购买手机，是为了"通信服务"。因此，从本质来说，设计的任何一种"产品"，都是服务提供者设计的服务接触点（touch point）。当前对"接触点"最广为接受的解释是用户和服务提供者产生接触的任意点。青蛙设计的阿尔伯特（Albert Tan）指出，接触点就是从感官交互中产生情绪、心理交互的那一刻。它所关注的不是接触点的形式和性质，而是消费者可以通过服务享有的一种反应和经历。劳拉（Laura Patterson）提出对接触点的解释是，任何一个可以让用户对你的服务产生感知的相遇。因此，服务设计师对于这些接触点的考量是服务设计的关键，通过对接触点的选取和设计，使客户可以提供给消费者最好的体验。

2. 人机交互

美国计算机学会将人机交互（Human-Computer

Interaction，HCI）定义为：关于交互式计算机系统的设计、评估、实现以及与之相关现象的学科[1]。人机交互更早的概念来源可以追溯到HMI（Human-Machine Interaction）。HMI指的是通过人机界面实现的人与机器或系统之间的交流与沟通，HCI和HMI的研究内容存在区别又关系密切，从本质来看，计算机仍然是机器的一种类型，无论HCI还是HMI，其人机交互的概念反映的都是一种人与物的关系，这种关系最早产生于从人类开始使用人造物之时，如两千多年前的"冬官考工记"中，就有按人体尺寸设计工具和车辆的论述，体现了早期人机交互的概念雏形。在人造物漫长的发展与变化过程中，人与物的交互行为体现出不同的特征，特别是在工业革命后，工业产品的复杂化使人与机器的关系开始得到重视。从第一次工业革命到第二次工业革命期间，机器的功能性及复杂化增强，使人机交互受到更加广泛的关注，其相关研究和技术发展迅速。随着第三次工业革命使计算机的应用得到普及，以体现计算机特征为主的人机交互理论才逐渐形成自己的体系和实践范畴的架构。

在新技术和社会背景下，特别是随着计算机、嵌套式计算机技术、互联网以及普适计算等技术的应用，使得HCI与HMI的研究范畴和框架边界更加模糊化。越来越多的学者也不再将人机交互的概念局限于人与计算机的关系。刘伟在《人机界面设计》一书中提到，从广义上讲，人机交互是人—机—环境系统工程学研究的重要领域，它不但研究在设计人机系统时如何考虑人的特性和能力以及人受机器、作业和环境条件的限制，而且还研究人的训练、人机系统设计和开发以及同人机系统有关的心理

[1]Hewett, Baecker,Card,et al,ACM SIGCHI Curricula for Human-computer Intercation .Chapter2:Human-Computer Interaction [P/OL].1992.

学、生物学和医学问题，人机交互技术不仅应用于计算机人机界面领域，也应用于机械及自动化、工程心理学、工业设计、人机与环境工程、安全技术工程和交通运输及航空航天工程等领域[1]。从人机交互的概念及其应用的领域看，人机交互是一门综合学科，它与认知心理学、人机工程、多媒体技术等密切相关，其研究涉及的内容也较为广泛。实际上无论是计算机或是嵌入计算机技术的智能产品，其本质仍是人用来完成任务达成目标的工具，而面对这些产品的人机交互设计关注的主要问题始终是处理人与机器之间的关系，也就是关于用户使用的学科。

3. 交互设计中的任务及行为关注

从人机交互应用领域的多样化来看，其设计工作也体现出明显的多学科交叉特点，尤其是行为学和认知心理学在交互设计领域的应用，使交互设计呈现出与传统的工业设计或视觉传达设计所不同的特点。在交互设计中，"交"与"互"都体现出一种行为的过程，因此交互设计的内容更加关注用户的行为。

Jennifer Preece[2]将人机交互定义为"设计用于支持人们日常工作、生活的交互式产品"，并指出交互式设计的目的就是寻找支持人们的方法。Winograd将交互设计描述为人类交流和交互空间的设计。Gameron Banga认为交互设计是一个抽象的术语，关注设计概念及向用户呈现信息所采用的界面工具，关注用户的深层行为和心理特征[3]。Jon Kolko[4]将交互设计描述为行为的塑造，提出在交互设计过程中，对行为的理解具有重要的意义。Alan Cooper认为对于数字产品设计，应理解使用这些产品的人

[1] 刘伟, 庄达民, 柳忠起. 人机界面设计 [M]. 北京:北京邮电大学出版社.

[2]Jennifer Preece, Yvonne Rogers. 交互设计 [M]. 北京:电子工业出版社, 2003 : 3.

[3] 班格, 温霍尔德. 移动交互设计精髓 [M]. 北京:电子工业出版社, 23.

[4]Jon Kolko, 方舟译. 交互设计沉思录 [M]. 北京:机械工业出版社, 2012.

是如何生活和工作的，并使设计产品的行为和形式能够支持和促进用户的这些行为。因此，他将交互设计定义为：人工制品、环境和系统的行为，以及传达这种行为的外观元素的设计和定义，交互设计首先规划和描述事物的行为方式，然后描述传达这种行为的最有效形式[1]。Brenda Laurel[2]认为人机交互可以定义为涉及人与计算机行为者行动的表现。将人机交互中的用户行为描述为"完整行动"，表现了行为的开始、结束和中间状态。上述观点都强调了在交互设计中关注行为的重要性，同时也可以看出，在人机交互过程中存在着两个行为主体，人和计算机均是其中的行为者，双方的特征、目的和行为往往交织在一起密不可分。但实际上，计算机或机器与人拥有的是完全不同的两种行为方式和特征。Brenda Laurel[3]认为人机交互不仅是让人和计算机、机器或系统彼此接触的一种方式，它也形成了一种共享的行动环境，而人与机器之间的行为互动也并不是简单的交替对话，这个过程或者说这种对话模型需要基于一定的"共同点（common ground）"。Brennan将人机之间行为的共同点解释为交互过程中两者共同居住的空间，强调人和机器的协作以及求同并让意义形成。这里的意义可以理解为交互式产品或设计对用户需求的满足，关系到用户使用和交互的目标、动机和期望的实现。Norman[4]则从概念模型的角度阐述了人机交互过程中的这种特征，提出了交互过程中的三个概念模型，分别是系统模型、用户模型及设计师模型，系统模型是机器和程序如何实际工作的表达，用户模型或是用户心理模型是对于系统如何工作的心理映像，用户可以使用计算机但未必真正理解

[1]Alan Cooper. 交互设计精髓 3[M]. 北京：电子工业出版社，2012：09.

[2]Laurel's B,Computers as Theatre[M]. Addison-Wesley Professional；2 edition, 2013;109-110.

[3]Laurel's B, Computers as Theatre[M]. Addison-Wesley Professional；2 edition ,2013;4.

[4]Norman，设计心理学 [M]. 北京：中信出版社，2010：20.

其原理，因此两者经常是截然不同的，这种差异性会影响用户的使用及目标的达成，而设计师模型则是协调两者的关键，通过设计系统模型的表象来帮助用户构建合理的心理模型，只有三者之间达到合理的相似性和共同点才能保证系统和用户间行为的协调一致以及交互意义的生成。同样，Ioannis Xenakis提出交互设计应该首先被考虑成为一个认知构建的过程，从一个动态的设计情境出发，通过构建与环境交互方式构建意义[1]。Marc Rettig则认为交互设计很大程度上基于人类赋予事物和活动的意义，以及人们如何表示这些意义[2]。用户心理模型的关注体现了交互设计中以用户为中心的思想，可以看出，如何使用户形成良好的概念模型需要设计师对用户的思维及行为特征有良好的掌握。其实，用户对于系统的心理模型的构建产生于用户如何利用系统的工作来完成自身领域工作的过程中。Yvonne Waern[3]就将用户如何利用系统完成目标看成一个解决问题的过程，用户解决问题的目标、知识及方式构成任务，用户将自身任务的目标与方式转换成系统的任务目标与方式，并以此来达成自身的工作目标。因此用户的任务和计算机之间的任务形式越是重合，则用户使用计算机达成目标的心智努力则越少，意味着交互的可用性及体验性越高。另外，Yvonne Waern也提出，用户的需求其实可以描述为目标—意义—任务之间的关系，而这种关系需要以任务为中心的角度进行诠释，从任务的角度对交互设计方法进行探讨有重要的意义。

二、任务分析相关研究

任务（Task）是人们在日常活动中为完成

[1]The relation between interaction aesthetics and affordances Design Studies 34 (1)：57-73.

[2][美]Dan Saffer. 交互设计指南[M]. 北京：机械工业出版社，2010.

[3]Yvonne Waern.On the Implications of users'prior knowledge for human-computer intraction[J].97.

某个目标而进行的一系列行为和动作的组合。在人机交互过程中，任务则指为完成某个特定的目标而与系统进行交互过程的一种抽象。任务分析是交互设计工作中的重要部分，Hackos and Redish（1998）将任务分析定义为通过观察用户行为来了解用户的过程。[1]

计算机的功能应该适应用户的使用和目的，而实际上，人机交互设计研究的意义不是将机器变得智能化，而是要使机器的运作适合于用户各种问题的解决。在解决问题和执行行为的过程中，计算机和人达到一种和谐的关系。Brinck，Gergle和Wood（2002）提出任务分析是在不超出用户能力范围内提高系统交互中的易用性和易学性的有效途径[2]。

从问题解决的角度看，任务是人们解决问题的过程，任务分析（Task Analysis）的目的是要根据领域、目标、意图和任务相关内容的分析和理解帮助交互式系统中的用户找出问题空间（Problem Space），为用户提供解决问题并达成目标状态的方式支持。任务包含目标与需求特点，也可以反映用户的行为特征，对于交互设计具有重要的指导意义。

任务分析最初源于对工作流程的相关研究，早在1911年，Taylor就开始进行任务分析的相关工作，当时任务分析被称为"科学管理方法"[3]。随着任务分析相关研究对工作表现和满意度重要作用的日益显现，一些以人的因素和人机工程学相关的应用心理学家将视线转向提高人类任务表现的形式化模型的研究中。Chapanis提出的线性流程图就是其

[1]Annett,J.，2004. Hierarchical task analysis. In: Diaper, D., Stanton, N.A. (Eds.), The Handbook of Task Analysis for Human-Computer Interaction. Lawrence Erlbaum Associates, 248.

[2]Brinck, T., Gergle D., & Wood, S. D. (2002). Usability for the Web: Designing Web sites that Work. San Francisco: Morgan Kaufmann

[3] 罗士鉴，朱上上.用户体验与产品创新设计[M].北京:机械工业出版社,2010.

中之一[1]。在对复杂任务的研究中，Chapanis结合控制、规划和问题解决等相关概念和理论，从这些工作相关心理因素的研究中提出了评价任务如何完成的重要性。此后，一些工业工程师采用更加综合的研究方法对工作和时间等问题进行研究，如通过分析个体及物资的移动，人和机器的交互以及人的肢体动作等，以此提高工作的表现、安全和质量。随着科技和生产力的不断发展，应用心理学家和系统设计师不断面临更加复杂的任务和支持系统，为了提高效率和生产力，他们开始寻找更加严谨、系统和有效的分析方法，这些方法影响了新兴交叉学科在人机交互研究领域中的实践，随着计算机技术的发展，人机交互中涵盖了更多新的行为领域，任务分析的范围和复杂性也逐渐提高，现在的任务分析方法多包括一系列技术，目的是获取用户所做行为的表述，并将这些描述进行表征，用以预测交互中的困难和评价系统等工作。

目前针对人机交互中任务分析的研究中，描述人机交互任务建模的方法很多，如HTA、GOMS、UAN、TKS、CTT等。不同方法对人机交互中任务的描述和研究层次、角度及方式都各有不同，每种方法都各有优缺点。本书着重分析了以下几种对文章产生影响的任务分析理论。

1. HTA

HTA（Hierarchical Task Analysis），由Annett与Duncan在1967年提出，是一种结构化描述任务与其子任务层次体系的任务分析方法。Annett等人分析了复杂任务中不同行为方面的特征，如计划、判断和决策等，并将任务具体划分为子任务、操作，通过层级分析不断地将任务进行分解,逐级细化用户的行为，直至具体操作。

以系统为中心的HTA，其理论逻辑特征和

[1]Chapanis, A. (1959). Research techniques in human engineering. Baltimore: Johns Hopkins Press.

工程及人机工程学关系紧密。这些领域对系统分层分析的方式与HTA对任务的分析方式相似——系统由子系统组成，而其交互由不同的输入和输出组成。"HTA对任务的描述方式有文本形式描述和图形方式描述两种。文本形式描述是使用缩进和编号表示任务及子任务；图形方式描述一般采用树型结构来表示"。[1]对于交互设计特别是界面设计，通过对任务过程中目标、计划、任务、子任务以及操作等特征的描述可以使设计师更好地了解用户和产品特性，为设计师提供关于任务分析的框架和工具方法，对设计工作具有较好的指导意义。

HTA对于从整体上描述任务具有优势，但是对于任务的具体细节、属性及任务间关系的描述欠佳。另外，如何组织行为实际是一个认知心理过程[2]，而HTA理论将研究集中在用户如何利用资源达成特定的目标，却缺乏对用户在任务中认知过程的研究，而对于人机交互的研究来讲，对用户认知过程的分析具有关键的意义。由此看出，HTA实际是一种基于系统而非用户的任务分析方法。另外，行为往往还具有一定的社会文化属性，对于任务及行为的这种背景信息，HTA也没有涉及，因此，对于全面地分析用户的任务及行为特征，HTA理论模型存在一定的局限性。

2. GOMS

随着心理学关于人类大脑和身体如何应对外界环境刺激相关研究成就被引入计算机及其交互设计领域中，设计师更加直观地了解认知与界面的关系，关于界面认知的研究得到重视。

SK Card（1983）[1]等人提出了人类处理器模型MHP（Model Human Processor）理论，将

[1] 李娟妮, 华庆一, 张敏军. 人机交互中任务分析及任务建模方法综述 [D]. 计算机应用研究, 2014, 31(10).

[2] Schraagen, J., Chipman, S., and Shalin, V.(2000).Cognitive task analysis.Mahwah, NJ: Lawrence Erlbaum.

汽车导航信息服务与交互设计研究

大脑描述为一个处理器，包括三个相互联系的组成部分：感知、运动神经及认知。通过三部分的运行，大脑可以对各种信息进行加工处理，如比较和计算等。MHP使人们对人类信息处理建模问题得到初步的了解。MHP起初并没有直接应用在任务分析和交互系统的研究中，随后SK Card又在《人机交互心理学》（*The psychology of human computer interaction*）一书中提出了GOMS（Goals Operators Methods Selectors）模型，GOMS将MHP相关理论应用到任务分析中。SK Card认为任务分析的目的是明确任务情境对用户行为的限制，从而确定用户应该掌握哪些任务知识，何时了解这些知识。

GOMS是一种关于用户如何执行认知动作型任务，以及用户如何与系统交互的理论模型。GOMS模型在建立用户行为模型的过程中主要采用了程序方式和序列方式来组织描述文本，注重任务活动的逻辑关系。体现了一种"分而治之"的思想，将一个任务进行多层次的细化，通过目标（Goal）、操作（Operator）、方法（Method）以及选择规则（Selection rule）四个元素来描述用户任务中的行为。目标为用户执行任务想要实现的结果，目标具有层级性，分为目标和子目标，是用户用于评价任务进度的"记忆点"；操作是用户为了完成目标而执行的一系列基本行为，是底层的动作，属于原子层。每个操作都有一个固定的执行时间，这个时间一般不会受到上下文的影响，如在点击鼠标时，按下鼠标键需要0.20秒。方法是描述如何完成目标的过程，实际也是一种内部的算法，用于确定子目标序列及完成目标所需的操作。选择规则是用户在任务过程中遵守的判断规则，特别是用户完成同一目标可以有多种方法时，需要设置一种规则标准来判断在何种使用情境中应该选择什么样的

[1]SK Card，TP Moran，A Newell，The psychology of human computer interaction [M]. Lawrence Erlbaum Associates，1983.

方法。GOMS模型中所描述的任务之间的关系是通过选择规则来表示的，只能表示相对简单的时序关系，包括顺序、选择、并行和循环关系。

GOMS模型理论优点是能够相对容易地对不同界面或系统进行比较分析，而其缺点主要体现在该模型建立在用户可以正确执行任务的前提下，对出现错误的情境，则无法清晰地描述错误的处理过程，而对任务关系的概括也不够全面，只提出了顺序关系和选择关系。另外GOMS模型理论也不适合多任务描述[1]。

3. UAN（User Action Notation）

UAN是由Viginia Tech开发的一种行为的表示手段，主要面向用户和界面两个交互实体，描述了两者在协调完成一项任务时的行为序列。UAN采用表格的结构形式，表格由三部分构件组成：用户动作、界面反馈、界面内部状态。界面被分解成类似层次结构的异步任务，每个任务的实现都由表格来描述，用户动作的关联和时序关系由表格的行列对齐和从上到下、从左到右的阅读顺序来确定[2]。UAN允许设计人员选择合理的抽象层次来描述较为复杂的界面设计，涉及一定的系统行为描述。表1-1为UAN的基本形式。

表1-1　UAN表格表示形式

任务（Task）：任务名称（The Name of Task）		
用户行为	界面反馈	界面状态

4. 活动理论

活动理论（Activity Theory）又称文化历史活动理论，常作为研究人类活动的哲学框架。活动理论起源于康德、黑格尔的古典哲学，形成于马克思辩证唯物主义，成熟于苏

[1] 骆斌，冯桂焕．人机交互[M]．北京：机械工业出版社，2012：148-149.

[2] 董士海．人机交互[M]．北京：北京大学出版社，2004：93.

联心理学家维果斯基、列昂捷夫和鲁利亚[1]。活动理论以人的活动为研究单元,强调意识与活动的不可分离性,即人类思维的产生和发展必须在一个有意义的、有目标导向的、人与环境交互的社会背景中理解[2]。

活动理论设计的基本原则包括活动的层次结构、面向客体、内化和外化、以工具为媒介和发展等内容。对于活动的层次结构,活动理论认为人的活动由一系列以目标为导向的行为所组成。而行为则是有意识的、受到目标影响的。行为可以通过一系列操作来实现;操作本身并不含有目标,是无意识的,主要受当前条件的影响,在特定条件得到满足时,相应的操作就会产生,活动的层次结构如图1-3所示。

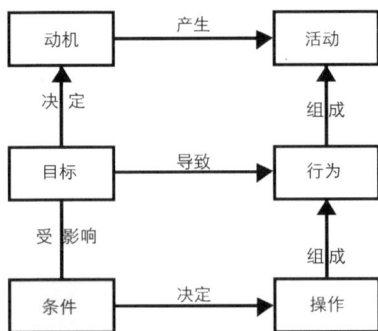

图1-3 活动的层次结构

20世纪90年代,活动理论被应用到人机交互相关领域,利用活动理论的基本概念和原则,帮助设计人员更好地描述真实的用户活动过程,分析其活动结构及特点,并应用到人机交互的设计中。Norman也将活动理论相关观点引入设计学科中,提出了以活动为中心的设计理论,他认为从活动的角度进行设计,可以设计出善于交际的产品,有利于产品的易用性和

[1] 王知津,活动理论视角下的情报学研究及转向模型[J].图书情报知识,2012.

[2] 吕巾娇.活动理论的发展脉络与应用探析[J].现代教育技术,2007(1).

体验性[1]。在针对导航服务的研究中，为了使任务模型具有共享性和可重用性，Timpf等人将活动理论框架引入用户寻路行为的研究中，建立了寻路任务的本体模型。通过对寻路任务层次化和类型化的分析来描述用户在导航过程中对导航信息的需求特点[2]。

与其他模型理论中的任务分析方式不同，活动理论研究的中心是对用户行为发生产生意义的背景。这个背景就是活动层次中的活动层，是一个由总目标决定的较高层具有抽象特点的行为层次。在活动理论中，活动不仅不是孤立的，而且随着用户自身的发展会产生变化，活动理论将大量历史文化背景信息纳入行为的研究中，相对于GOMS，活动理论的研究抽象层次更高，它为交互设计研究在环境上下文的理解和描述用户与信息交互的过程方面提供了研究框架。但其研究范式对交互设计而言仍然缺乏一定实际和系统化的指导意义。

除了上述任务分析的系统方法外，也存在一些以任务为角度但方式不同的分析方法。如Dnyanesh Rajpathak[3]根据问题求解提出的基于时序安排（scheduling）的任务本体模型。Kurakake[4]则提出了描述现实世界中用户活动的动态任务，主要方法是将总目标任务分解成为具有简单目标的子任务，并将解决总目标的总任务和解决子目

[1]Donald A. Norman.Human-Centered Design Considered Harmful[M].interactions，2005：14-19.

[2]Sabine Timpf, Geographic Task Models for Geographic Information Processing[C]. Meeting on Fundamental Questions in Geographic Information Science,2001：217-229.

[3]Dnyanesh Rajpathak, Enrico Motta, Zdenek Zdrahal, et al. A Generic Library of Problem Solving Methods for Scheduling Applications[C]. International Conference On Knowledge Capture Proceedings of the 2nd international conference on Knowledge Capture. SanibelIsland, FL, USA, 2003;113-120.

[4]Kurakake S, Yamazaki K, Imai K. Real-World-Oriented Service Platform Based on the Task Model[J]. IEEE Communications Magazine, 2006,44(9):72-78.

标的子任务表述为一个树状结构。其理论将任务节点和解决任务的方法节点相连，实现任务的分解，Kurakake的研究同样将用户的活动看作是一个问题求解的过程，每个问题都包含若干求解方法，而每种方法又同时包含若干新的问题，任务的分解过程实际模拟了现实任务执行过程，并以此明确人机交互界面的结构特征。

综合上述关于任务分析的理论可以看出，对于任务的描述具有以下一致性特征。

（1）任务由一系列行为组成或者是一个更为复杂的高层任务中的一部分，并可以被进一步分解为原子动作；

（2）不同的任务可以被分解为不同数量的子任务或行为；

（3）任务中的行为与心理活动紧密相关，交互产品不仅对用户行为支持，同时对用户认知及感知也起到支持作用；

（4）在知识及任务的表现方式上，不同的分析环境和平台导致分析的差异性。

任务分析对于交互设计有着重要的意义，原因在于任务分析提供了用户使用计算机达成目标所包含的行为的逻辑关系。用户的任务模型关系着用户思考如何表现行为，这也与系统行为即系统所要呈现的行为紧密关联。虽然每种理论阐述任务特征的方式不同，但共同点是通过任务及相关因素的分析构建任务模型并表述任务特征从而了解用户的需求，明确系统功能和交互过程。在汽车导航使用情境下，描述用户任务特征是为了提取用户任务中所需要的行动引导，并将其应用到汽车导航界面设计和信息功能及结构的设计中。从任务的角度分析用户的目的和需求，有利于协调汽车导航人机交互与驾驶任务之间的关系，对于汽车导航的交互设计进行分析与研究具有重要意义。但上述任务分析相关理论除了自身存在一定的不足外，对导航情境下的交互过程也存在一定的局限性。例如GOMS的方式不适合分析多任务情境下的交互，而活动理论等也不能发现导航交互过程中的实际问题。

三、车内交互

作为目前重要的交通运输工具，汽车在城市中的拥有量与人们在车中的时间一样都在不断地增加。随着汽车智能化的增加，车内交互体现出一种新的范式，这种范式结合了触屏、按键、语音等传统和最新的交互形式，形成了独特的汽车交互范式（图1-4）。车内交互主要是指人与车之间的交互，人车交互的过程实际也是人使用汽车的过程。驾驶汽车是一种目的明确且具有层次性和复杂性特征的行为，驾驶任务本身由不同类型的子任务组成，在驾驶过程中，驾驶用户需要通过不同的认知及行为过程并对汽车执行不同的操控，这些操控行为的方式和目的存在也不同。McKnight and Hundt在对驾驶任务的分析中，共归类出45种主要的任务，这些任务又由近1700个子任务组成[1]。Andreas Riener[2]认为汽车交互与其他设备或系统的交互设计具有明显的不同，呈现出一定的复杂性，他同时也提出车内交互设计需要考虑以下几点。

1. 自然直观：在新技术的条件下，车内交互需要充分利用自然和直观的交互方式以满足用户对不同层次安全的需求，车内界面的交互过程不能妨碍主驾驶任务的完成，同时又能满足用户车内多样化的行为需求。

2. 感知通道：目前车内大部分信息被主要分配为视觉和听觉的形式，其中视觉占到80%，而听觉则有15%。汽车动态的光线环境及

[1]McKnight, A.J., and Adams. B.B., Driver education task analysis.[J], Volume I: Task descriptions. Alexandria, VA: Human Resources Research Organization, Final Report, Contract No FH 11-7336, 1970.

[2]Andreas Riener.Sensor-Actuator Supported Implicit Interaction in Driver Assistance Systems. GWV Fachverlage GmbH, Wiesbaden 2010.

图1-4 汽车交互

声音环境对交互都会产生影响，而性别和年龄等因素导致这两个通道感知效度不同。因此要想减少交互中的用户分心及负担，则需要充分考虑各个通道的特征。

3. 多通道交互：驾驶用户与车的交互中可能需要同时合并多个通道来满足特殊交互情境的需要。

4. 界面再加工：传统的桌面交互中的一些交互部件，如键盘、鼠标等不适合在车内环境下使用，这些交互部件在车内可能需要改进，甚至被新的交互部件所取代。

5. 防止错误的信息传达：人车交互系统必须组织传达准确的信息，特别是超出用户注意范围或发生意外情况时。

表1-2为AUI（Automotive User Interfaces and Interactive Vehicular Applications）2015期会议中对汽车交互相关研究主题的归纳。从其主题的归纳和内容的设定看，汽车交互设计是一项具有复杂性且包含内容广泛的研究领域，具有典型的学科交叉特点。目前汽车人机交互的研究除了包括基本的车辆控制与操作等人机工学问题，也包括汽车新特征下向汽车的信息服务及其交互设计等内容。

AUI提出汽车交互设计主要目的是提高用户的驾驶表现、安全性及体验，从具体的研究内容看，重点包括汽车的交互模式研究、驾车用户的信息需求研究及安全性相关的研究等。表1-2为会议研究主题。

表1-2　AUI主题内容表

Devices & Interfaces	· Multi modal, speech, audio, gestural, natural input/output · In-car gaming, entertainment and social experiences · Interfaces for navigation · Text input and output while driving · Applications and user-interfaces for inter-vehicle communication · Sensors and context for interactive experiences in the car · Biometrics and physiological sensors as a user-interface component
Automation & Instrumentation	· Automated Driving and Interfaces for (semi-) autonomous driving · Head-Up Displays (HUDs) and Augmented Reality (AR) concepts · Co-operative Driving/Connected Vehicles · Assistive technology in the vehicular context · Information access (search, browsing, etc.) · Vehicle-based apps, web/cloud enabled connectivity
Evaluation & Benchmarking	· Methods and tools for automotive user-interface research, including simulation · Automotive user-interface frameworks and toolkits · Naturalistic/field studies of automotive user interfaces · Automotive user-interface standards · Modeling techniques for cognitive workload and visual demand estimation
Driver Performance & Behavior	· Different user groups and user group characteristics · Subliminal cues, warnings and feedback to augment driving behaviour · Emotional state recognition while driving · Detecting/measuring driver distraction · Detecting and estimating user intentions

从上述内容可见，汽车交互作为人机交互中的一种，既包含了人机交互的一般性特征，也具有自身的独特性，其特殊性主要包括以下几点。一是交互环境使车内交互具有区别于其他设备交互的特征，它与传统的桌面交互不同，驾车出行本身属于一种时空行为，人与车交互具有动态环境特征，汽车交互受到环境的影响明显，时间及空间的变化特征导致交互的方式及内容的动态性。二是驾车出行的目的呈现多样化特征，从满足基本生存需求到满足娱乐体验需求，用户出行目的的不同导致用户在驾驶中的信息需求存在差异。三是随着车联网及交通系统的发展，汽车与其他智能及网络设备的联系增强，为汽车的普适计算提供了基础，与车外联系主要表现在与其他车辆、人、互联网资源、智能交通系统、基础设施、家庭及办公设备的联系增强。在车内，则表现在车内移动设备及与车内乘客的联系增强。四是汽车交互具有智能移动设备交互的特征，但车内空间的特殊性又将其与一般移动的智能设备相区别，汽车在新技术的融入过程中，已经由简单的运输工具过渡到一个嵌入计算、信息设备及多模态传感装置的工作空间，车内用户可以获得更多的服务和信息。五是由于汽车驾驶实际也是一项信息处理活动，因此车内信息增多将导致与驾驶行为及安全的冲突明显。

四、汽车导航信息服务与交互设计概述

1. 汽车导航发展历史

汽车导航系统是车内智能系统的一部分，提供重要的辅助驾驶功能。汽车导航自产生到现在已经经历了近30年的发展，从汽车导航的发展历程看，汽车导航的设计可以划分为四个阶段。第一代导航（1985—1995），技术具有局限性，只提供了导航的基本功能，地理数据库不全，支持

导航的区域受到限制，仅在部分城市可用；提供路线的选择少，通常只有最短路线；仅在少数汽车品牌部分车型中提供；提供的导航服务较为大众化。第二个阶段（1995—2000），随着导航相关技术的发展以及对用户反馈信息的研究增多，其基本功能得到提高，适用于更多的区域，出现了便携式导航设备，但提供的服务仍较大众化。第三个阶段（2000—2005），增加了一些特色功能；提供无线服务，可以提供实时信息；出现更多的智能设备（如手机、PAD等）提供汽车导航的相关服务；路线的个性化设置增强。第四个阶段（2005年至今），可以为用户提供更多特色功能，提供更加个性化的服务；汽车导航服务更加普及化，用户可以不受时间和地点的限制使用导航功能。

2. 汽车导航相关技术

目前的汽车导航，其提供服务的内容与形式较产生之初已经有明显提高，与汽车导航相关的技术发展关系密切。汽车导航功能的实现需要基于GPS及GIS等相关的技术。20世纪70年代中期，GPS（Global Positioning System）的出现及发展，为现代导航技术的发展提供重要基础。GPS可以为导航活动提供随时随地的精确位置数据，在导航等多个领域逐渐得到重视和发展，并对现代导航设备的普及化发展起到重要作用。GIS（Geospatial Information Systems），即地理信息系统，最早由R.F.Tomlinson（1963）提出，和GPS同时期得到发展，对导航技术的发展也起到关键作用。GIS定位于收集和储存空间数据并对这些数据进行变换和分析，通过检索和集成空间信息，将地理空间数据及其信息用数字化的形式表现出来（陈述彭，1999）。地理信息的概念及类型比较复杂：首先，地理信息不仅包含地表自然物和现象（如河流、山脉等），也包含依附在地理空间上的人工物及社会人文信息

（如建筑、文化区等）。GIS不仅表现了这些地理空间相关信息内容，也表现了这些要素之间的空间关系，如拓扑关系、距离关系及方向关系等。因此GIS是一个分层次、异构化、多力度及多语义的信息系统。作为汽车导航信息服务的基础，GIS系统为汽车导航提供的信息内容种类也非常丰富，以导航任务为主要的信息检索条件，导航所需的地理信息具体可以划分为以下几种：（1）空间几何信息，包含地理信息拓扑关系、几何位置和几何形状等，是地图的基本信息数据；（2）基本信息，包含道路名称和道路等级等；（3）增强信息，包含交通流方向和门牌号等；（4）交通指示信息，包含指示标识、警告标识和禁令标识等信息；（5）路线指引信息，提供固定两点或多点之间的路线及行驶的逐步指示信息等。GIS系统的发展为汽车导航提供了更加丰富的地理空间数据和信息，可以满足用户不同的信息需求，但是庞大的数据也为地理信息系统的使用带来了弊端。西蒙[1]就提到，计算机提供的信息量在不断增加，信息不再稀缺或迫切需要加强扩散，相对的是另外一种稀缺，即人们对接收信息关注时间的稀缺。人们迫切需要找到与任务相关的信息，摆脱无关信息的干扰。在如何从GIS中抽取与用户导航任务相关的有用信息匹配导航活动需求也成为导航设计的重要内容。

从现阶段的汽车导航系统的发展看，除了GPS和GIS，还有一个重要的技术背景，即车联网技术（图1-5）。车联网是物联网的重要应用之一，目前关于车联网的定义和内涵并没有得到统一的界定。中国汽车工程学会提出了一种较通用的定义："车联网是以车内网、车际网和车载移动互联网为基础，按照约定的通信协议和数据交互标准，在车与车、路、行人及互联网之间进行无线通信

[1][美]赫伯特 A.西蒙. 管理行为[M].北京:机械工业出版社,2004.

[2] 车云网. 车联网[M].北京:电子工业出版社,2014.

图1-5　车联网

图1-6　车联网下的汽车导航与驾驶

和信息交换的大系统，是能够实现智能交通管理、智能动态信息服务和车辆智能化控制的一体化网络。"[1]车联网发展与智能交通系统联系紧密，目前车联网的发展趋势是建立人、车、路高度一体化的协作系统。而智能交通系统也越来越明显有向车联网发展的趋势，各国都有相应的发展成就，比较有代表性的包括IntelliDrive，e-safety，SmartWay，Coopers，CVIS，PReVENT等。车联网利用多种先进的信息技术（包括计算技术、传感器技术、网络技术和控制技术），将驾驶员、车辆、环境、道路、路边设施和行人集成为一个有机整体，并提供信息服务、车辆安全、交通控制和Internet接入等应用，以提高交通效率、驾驶体验、降低交通事故、提升道路的通行能力。车联网使汽车导航系统提供信息的种类、数量和精确性更高。另外，也为用户发布导航相关信息提供了渠道，如导航信息纠错等（图1-6）。

　　由图1-7可见，不同的技术对汽车导航

[1] 车云网．车联网[M]．北京：电子工业出版社，2014．

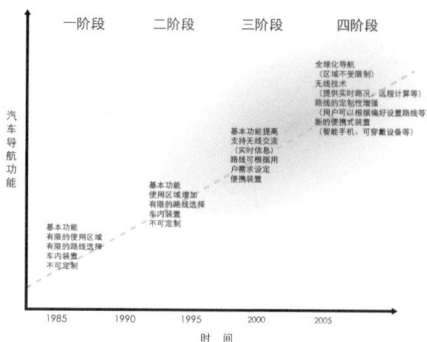

图 1-7　汽车导航技术发展图

技术、服务起到作用。GPS定位技术可以定位用户当前位置，是导航服务的基础。以GPS定位技术为中心，GIS为汽车导航提供了地理空间相关的静态信息，如地图和路线信息等。而车联网等技术的发展则为汽车导航提供了实时信息，如拥堵等路况信息。

3. 信息服务模式

实际上，汽车导航提供的服务属于LBS服务。"LBS（Location Based Service），即基于位置的服务，也称为空间定位服务、移动位置服务等，指的是在移动计算环境、异构资源环境下，利用GIS技术、空间定位技术和网络通信技术，为移动（物理移动和逻辑移动）对象提供基于空间地理位置的信息服务。"[1]而从服务模式的角度看，汽车导航系统提供的信息服务模式属于面向问题求解的信息服务模式。问题求解模式"描述的是源于信息用户当前有待解决的问题并以用户问题解决为中心的信息服务过程"，用户参与信息服务活动的前提假设是用户当前面临有待解决的实际问题，并要寻求合适的信息服务的帮助，以求得问题的最终解

[1] 陈飞翔 . 面向 LBS 的移动空间信息服务研究 [J]. 计算机工程与应用 .2008，44(13) 217.

决。为帮助用户解决问题，信息服务内容及形式需要以问题为中心，其服务过程始于问题、终于问题解决。这种模式的信息服务特征是从描述用户信息需求的产生过程出发，为用户解决问题提供所需的特定服务。

信息需求是人们为解决各种问题而产生的对信息的必要感和不满足感[1]。根据德尔文（Derwin）的"意义建构"理论，要研究用户的信息需求，须定位于时空中的某一点。该理论认为，用户的信息需求会随着所处情境（situation）而改变，情境是指意义建构时的时空环境。与固定环境相比，移动环境下用户所处的时间和空间都发生变化，并且总是跨越不同地点、不同情境。因此，移动环境下用户的信息需求也因为时间、空间的变化而呈现新的特点。根据时间与空间的影响，汽车移动环境下用户信息的需求往往关系着用户任务的时间和空间两个维度特征。从时间角度看，移动任务中，用户的信息需求具有片段性和实时性特点。如用户需要在某一时间段到达某地，实时性则表现在对动态实时路况的需求上。用户在移动环境下信息活动的空间特点有本地性、目的地性；因此，相应的信息需求也都是与地理位置相关的，比如与位置相关的信息接收、信息查询、信息交流、信息发布等。

对于驾车用户，汽车导航中的信息服务可以适应汽车行驶的动态特点，针对不同的驾驶情境，满足用户多样化的信息需求，为用户提供更加个性化的服务内容，从而提升驾驶体验；对于城市发展，汽车导航信息服务设计对城市交通状况和污染等问题的改善也起到重要作用。目前汽车导航信息服务功能发展包含以下特点：异构化的信息内容，信息内容来自互联网、路边设备、基础设施以及移动设备等，内容种类丰富，除了道路名称等静态交通信息，还包括动态路况信息

[1][美]Brenda Laurel,赵利通.人机交互与戏剧表演[M]. 北京:机械工业出版社，2014 : 21.

甚至事件信息。而信息的形式则包含文字、图形、声音、动画甚至影像信息；交互方式的多态化，多样化的服务终端设备为服务提供了多态的交互方式。除了物理按键、旋钮、触屏、语音和体感等，还可以借助Google Glass和 Apple Watch等可穿戴智能设备实现交互，而增强现实平视显示等技术的发展也为服务的便捷性和安全性提供了一定保障；服务具有交互性，不仅包括"人机交互"，也体现出"人人交互"特点，用户的角色在服务过程中不再仅仅是信息的接受者，也是信息的生产者和创造者。

4. 汽车导航交互设计

从汽车导航系统的使用与交互看，汽车导航系统发展的前三个阶段的设计具有明显的"以系统为中心"的特征，而第四个阶段的导航技术及服务以用户和服务为中心，与前三个阶段的区别主要体现在提供服务的内容和形式上，以系统为中心的导航服务与传统地图一样，将所有信息显示在设备中，而目前的导航系统则可以通过交互过程了解用户的任务及意图，从而提供位置或路线等相关的更精确的信息。另外可提供的信息种类也更多，现在的汽车导航系统能够满足用户更加个性化的要求，提供不同的信息，通过交互过程支持设备和用户之间的交流，数据更新也更加便捷及时。

虽然汽车导航相关技术的发展使目前的导航系统已经能够为汽车用户提供丰富的服务内容，但受到车内交互特征的影响，目前汽车导航的交互设计中存在以下几个主要挑战[1]：一是路线指引的表现形式需更易于用户理解；二是除了路线指引外，汽车导航需要为用户提供有用的空间概况及定位相关信息；三是满足驾驶中的多任务需求；四是对路线的行进保持一定的意识，避

[1]Hubert D. Zimmer, Stefan Münzer, and Jörg Baus. From Resource-Adaptive Navigation Assistance to Augmented Cognition[M].Resource-Adaptive Cognitive Processes：Springer Berlin Heidelbergpp 35-53.

免盲目跟随导航指示。针对汽车导航交互设计中面临的挑战，以及有越来越多的学者注意并从事相关的研究。

目前汽车导航交互设计的相关研究，既体现出一般交互设计研究领域的基本特征，也体现出其自身的特点。图1-8中，日本的Munehiko Sasajima[1]在对导航信息服务的研究中，也从活动的层次对导航信息的内容和形式进行了探讨，其从问题求解的一般过程将出行活动分解为具有不同层级的任务结构。见图1-8，为一次出行活动的示例模型。Munehiko Sasajima认为，在基于位置提供的导航信息服务中，需要基于出行活动及任务的行为层级和次序特点才能提供更加符合用户行为特征和需求的信息服务内容。

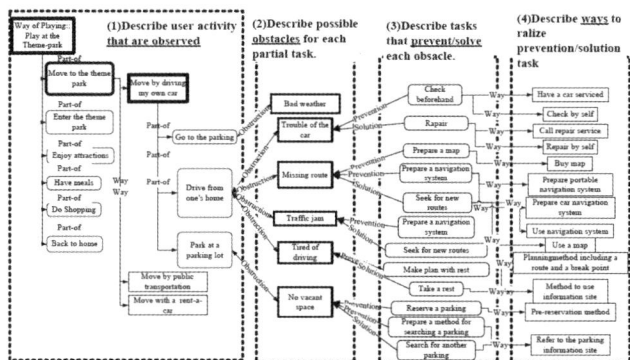

图1-8 活动任务模型示例（Munehiko Sasajima2006）

Robert E. Llaneras等人对汽车导航的操作步骤及按键次数等可用性问题进行了数据研究，分析了其信息交互的特点，并论述了现在导航界面中的不足和未来发展趋势。也有一些学者把研究重点集中在交互方式以及信息认知方面，如从交互方式出发，Brit Susan Jensen, Mikael B. Skov等人对基于视觉、听觉、多通道

[1]Task Ontology-Based Framework for Modeling Users' Activities for Mobile Service NavigaDemos and Posters of the 3rd European Semantic Web Conference (ESWC2006), Budva, Montenegro, 11th – 14th June, 2006.

三种类型的汽车导航系统的特点以及对用户认知和驾驶表现进行了比较性研究。对于导航信息方面，鲁铭从地理信息学和本体的概念出发对异构导航数据库中的集成与空间信息语义服务进行了研究，构建了语义信息空间结构和模型等。李清泉等人则从道路信息专业角度，对汽车导航现有的技术手段、实现方式、数据格式等进行了分析与研究。从用户体验角度，Talia Lavie等人以实际的设计方案论述了汽车导航的可用性和美学体验特点。Jongsung Lee认为，现在的汽车导航为用户提供的不仅仅是路径引导功能，丰富的附加信息已经成为汽车导航信息服务不可缺少的次级功能，但是丰富信息的加入也增加了信息的复杂程度，车内导航信息显示屏幕的大小受到限制，还有更重要的原因是驾驶用户无法长时间观察界面信息，因为长时间观察导航信息界面会造成视觉分心，影响前方行车状态的觉察并增加产生交通事故的概率。为了缓解导航信息及显示造成的不安全性，Jongsung Lee等人提出了分屏显示的设计方法，通过为驾驶用户及乘客提供不同导航信息来实现导航的丰富的功能并保证安全性。Lei Wu[1]等人对汽车导航界面中扁平化和拟物化两种风格进行了比较研究，得出了不同界面风格对用户情感体验的作用。提出汽车导航用户的情感体验主要由风格认知要素、情感认知要素和装饰认知要素构成。Yusuke FUKAZAWA[2]在对用户使用导航特点的研究中，提出了一种根据用户任务目标和情境感知的导航服务设计方法，通过情境感知相关技术及导航数据库的应用，对用户的使用情境进行推理并匹配用户使用导航的任务过程，以此提高导航功能的可用性和易用性。

[1]Lei Wu, Tian Lei, Juan Li, and Bin Li.Skeuomorphism and Flat Design: Evaluating Users' Emotion Experience in Car Navigation Interface Design. Lecture Notes in Computer Science.9186. pp 567-575.

[2]Yusuke FUKAZAWA,Marko LUTHER, Matthias WAGNER, Atsuki TOMIOKA. Situation-aware Task-based Service Recommendation.

Hipp[1]通过比较试验，以行驶路线脱离原定路线情境下汽车导航的系统反应为研究对象，分析了导航系统产生错误信息的特点。提出导航系统和用户之间的交互应该体现和适应用户行为意图，应使用户及时了解系统的决策及原因，以此为用户的任务决策提供更加匹配的信息内容，进而保证导航的效率和驾驶的安全性。

Georgios在对汽车导航交互过程中用户的任务分析中，通过UAN、认知走查等任务分析方式对于导航交互中的目的地输入任务进行了分析。比较了几种分析方式在研究结论上的特点并对汽车导航交互设计中的可用性相关问题进行了探讨[2]。

Timpf等人（2002）[3]从出行者和交通系统两个角度提出了多模式的路径引导方法,定义了路径知识本体，结合活动理论相关知识对汽车导航中的任务等级进行了划分并构建了汽车导航使用情境下的用户任务模型。Stephen[4]则根据驾车出行活动的特点，划分了导航中的任务层次，归纳了导航情境下相关信息的粒度特征。Hansen等[5]从空

[1]Markus Hipp.Florian Schaub. Interaction Weaknesses of Personal Navigation Devices, Proceedings of the Second International Conference on Automotive User Interfaces and Interactive Vehicular Applications (AutomotiveUI 2010), November 11–12, 2010, Pittsburgh, Pennsylvania, USA，129–136.

[2]Georgios Papatzanis, Paul Curzon, and Ann Blandford Identifying Phenotypes and Genotypes：A Case Study Evaluating an In-Car Navigation System. J. Gulliksen et al. (Eds.)：EIS 2007, LNCS 4940, pp. 227–242, 2008.

[3]Sabine Timpf, Geographic Task Models for Geographic Information Processing[C]. Meeting on Fundamental Questions in Geographic Information Science,2001,217–229.

[4][美]赫伯特 A.西蒙 ，管理行为[M].北京:机械工业出版社, 2004.

[5]Hansen, S.Richtcr, K.R, et al.2006. Landmarks in OpenLS：A data structure for cognitive ergonomic route directions. Geographic Information Science. LNCS 4197. M. Raubal, H. J. Miller, A. U. Frankand M. F. Goodchild. Berlin：Springer. 128–1.

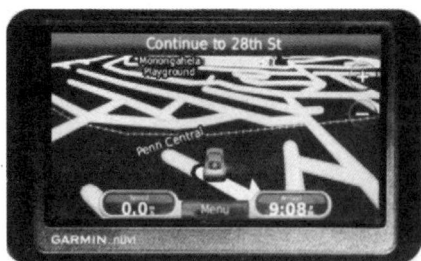

图 1-9 Example of outdoor navigation systems in the third generation

间认知的角度对OpenLS导航服务规范进行了扩展，使之能够生成符合人类认知过程的路径引导。此外，Tomko和Winter[1]等人（2009）根据人们空间交流的基本原理和空间知识的分层特征提出了基于目的地描述的路径引导机制。

可见，以往的汽车导航系统及交互相关研究将重心放在技术与工程问题上，随着汽车导航技术的发展及应用的普及化，针对汽车导航的人机交互问题，越来越多的学者认识到以用户为中心，从心理学方面展开汽车导航人机交互问题的重要性。包括信息感知的精准度、信息认知的速度和界面表现及用户的满意度等。另外由于车内交互的复杂性，一些研究也以多通道交互的相关问题为主要研究对象。

第三节　研究方法与框架

一、研究方法

汽车导航的交互设计工作涉及多学科理论的交叉应用，本书以任务分析为主要的研究切入点，主要目的是将用户领域任务的心理与行为特征映射到汽车导航的功能与交互操作过程中。在理论研究部分，本书首先采用了文献研究的

[1] 李清泉.交通地理信息系统技术与前沿进展[M].北京：科学出版社，2012.

方法，文献来源主要包括（国内外）：设计学、认知心理学、地理信息学、行为学、交通运输等与汽车导航相关的研究，对汽车导航交互设计涉及的相关领域知识进行了梳理，重点是逻辑推演，为本书研究提供充足的理论支撑。

在对汽车导航人机交互过程的研究中，不仅分析了汽车导航用户的领域任务特征，也分析了人机交互过程中面向任务的用户认知心理特征和多通道的交互行为特征。在针对导航任务认知心理的研究中，引入了情境意识的分析方法，对汽车导航使用过程中，驾驶用户的情境意识要素、过程进行了分析，并构建了情境意识心理模型。在多通道研究中，引入了资源有限论，采取分类研究，并结合用户调研、文献研究与案例引证的形式对汽车导航交互任务过程进行了分析。

在汽车导航交互设计方法的研究中，结合文献研究与案例引证，采用了从高层抽象到底层具体的研究方法，在前文理论的基础上，首先明确了交互设计中的关键问题和目标，并针对交互设计对象，将设计关键问题和目标进行了具体化归纳。

在设计方法的实践部分，在设计调研部分，采用了问卷调查、深度访谈、观察法等调研方法，利用视频、语音、文字记录等方式对实验信息及数据进行收集。在设计过程中，采用了工作坊的形式，引用了服务生态圈和情境板等设计工具。

二、研究框架

本书的总体框架如图1-10所示，主要分为理论研究、设计方法研究和设计实践三部分内容。以任务为角度，包括汽车导航使用下的用户任务的类型、认知特点和执行特点等内容。从这些特征出发，探讨汽车导航系统的功能、界面及交

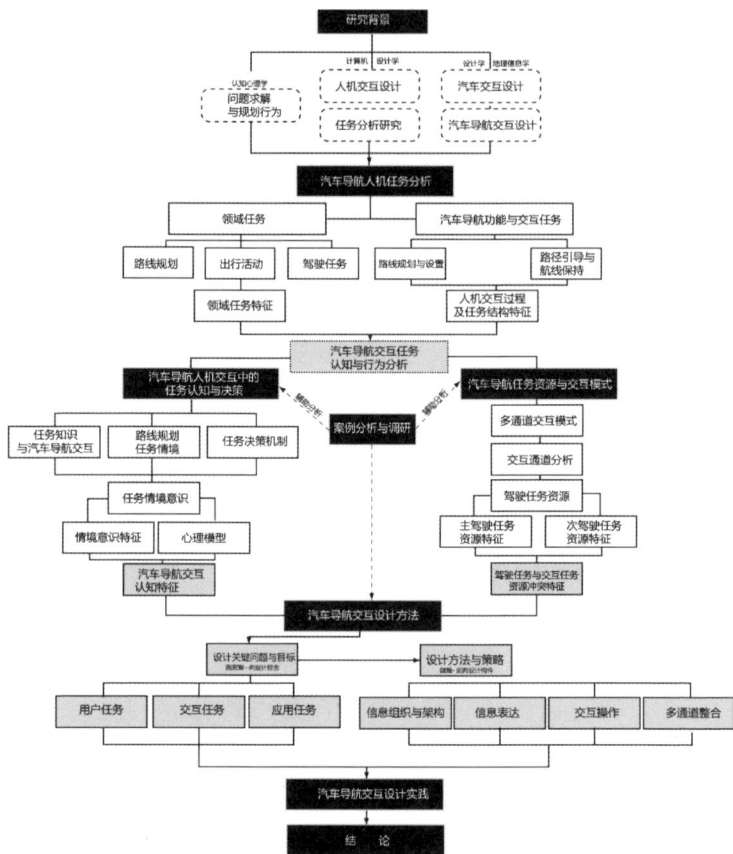

图 1-10 研究思路

互过程的设计方法和策略。各章研究内容具体包括：

　　第一章为绪论，汽车导航系统相关技术的发展以及用户对导航概念需求的多样化使得汽车导航交互设计研究具有重要的意义，本章第一节介绍了本书的研究背景和意义，主要从车内新技术的发展为车内及车内导航交互设计带来的机遇和挑战角度探讨本书的选题背景和意义。第二节为文献综述，首先从问题解决的角度，探讨了任务分析对于交互设计研究的意义，之后分析了HTA，GOMS和活动理论等任务分析理论模型的特征。汽车导航交互设计涉及多学科的研究内容。第三节讨论了汽车导航系统及交互相关的主要概念，汽车导航交互设计的研究现状，明确了本书研究的范畴、术语和关键研究问题。

第二章主要分析了用户领域任务特征以及由领域任务转换的汽车导航的交互功能特征。第一节讨论了任务分析的相关概念界定。第二节分析用户的领域任务特征，首先分析了路线规划任务的特征，包括任务的属性、结构及过程。其次以地理学及交通运输等学科相关理论为基础，研究了驾车出行和活动特征；从车内驾驶的角度，通过归类驾驶任务类型，分别研究了主驾驶任务、次驾驶任务、非驾驶任务的特征，及对路线规划任务的影响。第三节从用户领域任务转化的汽车导航功能特征出发，对使用导航用户在执行移动任务过程中的任务结构特征进行了分析，主要包括路线规划设置及航线保持两部分。

第三章以任务认知过程为线索，分析汽车导航任务中用户的认知特征，第一节概述中分析了认知相关概念和原理。第二节以汽车导航人机交互过程中用户的任务知识特点为主要内容，包括导航交互过程提供的任务知识特征及对用户路线规划任务的影响。第三节，基于第二章的相关内容，探讨了路线规划任务的任务情境复杂性特征。第四节，研究了用户路线规划的决策机制。第五节根据任务情境对用户任务的重要作用，引入情境认知相关理论，情境意识是对任务情境中不同认知对象的综合认知，本节以汽车导航交互中的情境意识为主要研究对象，从"感知—理解—预测"三个层级描述了汽车导航交互中用户情境意识的生成过程及特征，从汽车导航下任务认知的对象及认知特点出发，将汽车导航用户情境意识产生的心智模型进行归类：结构模型、时序模型和因果模型，讨论了三种模型与导航信息认知的关系以及其对交互设计的影响。

第四章从任务资源的角度讨论了汽车导航多通道交互模式，多通道交互模式与交互任务的认知与执行有着重要的联系，由于汽车导航驾驶下具有多任务特征，交互任务与驾驶任务并行直接影响了各个任务的执行和操作。第一节讨论了相关概念与原理。第二节分析了汽车导航多通道交互特征，并构建了多通道交互模型。第三节结合案例分析探讨了各个通道的交互特点。第四节则综合分析了多通道交互过程中交互任务与驾驶任务之间的任务资源冲突特点。

第五章以设计方法论为主要内容，根据前几章的研究结论，探讨任务分析理论在汽车导航交互设计中的方法和策略。第一节为概述。第二节从宏观角度，以汽车导航人机交互中的任务分类为线索，分析了针对各任务类型的设计关键问题与目标。第三节从微观的角度，以交互设计中的具体设计对象和内容为线索，分析了面向任务的具体设计方法与策略。第四节将设计方法应用到实际的项目中，通过设计实践及成果对本书提出的设计方法进行了初步的验证。

02

第二章
汽车导航信息服务与交互中的路线规划

第一节 概述

汽车导航系统主要功能是辅助用户进行行车中的路线规划任务，在汽车导航人机交互过程中，驾车用户的路线规划作为领域任务决定了汽车导航系统的功能及交互需求特征，本章的研究内容主要分为两个部分：一是对汽车导航用户的领域任务特征分析，包括路线规划任务的任务属性、类型、过程、结构和影响因素等内容；二是对导航系统介入后，领域任务映射下，用户通过人机交互完成的路线规划任务特征，包括路线规划任务的主要任务类型和结构等内容。本章在研究方法上，运用了文献研究、案例和实验引证的形式，结合设计学、认知心理学、地理学、交通运输、驾驶行为分析和计算机等学科相关理论背景，对用户的路线规划任务进行了较为系统和全面的分析与研究。

本章内容相关概念和术语如下。

1. 人机交互与问题求解

人类的任务执行是按照某种预定义的规划（Plan）进行的。规划是用于组织基于各种准则的知识的表示，并通过思维指导任务完成[1]。如果将用户如何利用系统完成目标看成一个解决问题的过程，Gunnar Johannsen认为人机交互过程中用户的任务类型主要可以分为两种，分别是控制和问题求解，而其他任务基本属于这两种任务的次级任务。控制由持续又相互独立的任务组成，交互过程通过这些任务的开始和结束形成整个活动环。而交互任务中的问题求解则指对这些任务进行管理和计划的高层认知任务[2]（图2-1）。

[1]Carroll, J. M., Olson, J. R, Mental models in human-computer interaction: Research issues about what the user of software knows, Committee on HumanFactors, Commission on Behavioral and Social Sciences and Education, National Research Council. Washington, DC: National Academy Press.

[2]Gunnar Johannsen. Human-machine Interaction. Control Systems,Robotics,and Automation Vol.XXI

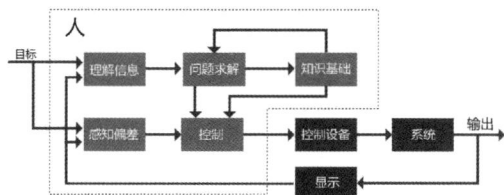

图 2-1　人机交互用户控制和问题求解模型

　　一般而言，一个任务计划的生成多是由于人需要完成某个无法确定达成的目标，Simon认为问题求解行为是对任务的一种适当反应，被激发出来以达到任务所要求的目标。而人在解决问题的过程中会受到自身条件的各种限制，寻找问题所需解决方式通常不是一个简单明了的过程。认知心理学中将问题求解的过程分为四个阶段：第一个阶段是对问题的表征阶段，在这个阶段会形成问题空间。问题空间不仅描述了问题起始状态和结束状态的特征，还包括从长时记忆中抽取的相关信息，以及从任务情境和问题本身描述收集的与任务完成相关的特殊信息。所有的相关知识都是为了完成任务，当构建问题空间时，所有可能解决问题的方式是为了从一个问题转向另一个问题，但不是所有的方式都会成功解决问题或达成目标状态。第二个阶段是寻找和选择算子，一个算子就是转换问题状态的一种方式。每一个问题状态是问题解决过程中不同阶段的结果；这意味着在问题解决过程中，起始状态和结束状态都相当于一个问题的中间状态。当问题空间较大或复杂时，需要对问题的解决方式进行启发式思考，为达成目标寻找最适合的解决方式。问题解决的第三个阶段是所选解决方式的执行，执行会导致两个问题状态之间的转换，这种转换的结果是更接近目标状态。最后一个阶段是对问题状态的评估，主要是目标状态之间的比较，通过比较得出结束状态和目标状态差距，如果问题解决则完成任务。当问题无法解决时，必要时则需要退回第二个阶段，寻找新的解决方式。在现实情况中，这四个阶段在问题解决过程中的顺序并不是绝对的。

Norman在《设计心理学》中提到，人的行动可以分为执行和评估，具体可以划分为七个部分，分别是：确定目标，确定意图，明确行动内容，执行、感知外部世界状态，解释外部世界状况，评估行动结果。Norman将人的这一行动特征应用到分析人与系统的交互设计中，用户在确定交互的目标和意图后形成交互任务的行为计划，在执行完成任务后会对系统状态进行感知、解释与评估。结合Gunnar Johannsen对人机交互中任务的分类及问题求解思维特征可以看出，用户在人机交互过程中，交互或使用系统的目标是通过建立解决问题的次目标及达成次目标的任务来完成的，这个过程是一个问题集聚的过程，目标不断分解为子目标，每个任务也受到前一任务目标完成状态的影响，即用户通过系统的反馈建立下一交互行为的基础，具体表现在对目标状态及系统完成状态的差异性比较，并通过比较的结果形成进一步的目标及行为计划。

从问题求解的一般过程看，形成良好的问题空间是达成目标的第一步，也是制定完成目标的行为计划（任务）的关键。人机交互任务中，良好的心理模型是用户人机交互的基础，而问题空间模型则表示了用户心理模型在理性层次上的抽象[1]。问题空间的形成有赖于用户对任务知识的持有状态，因为任务知识往往决定了如何达成一个目标。Norman认为任务中需操作的知识并不只存在于头脑中，也存在于外部世界，而Yvonne Waern[2]也提出在人机交互过程中，用户关于解决问题所需的任务知识分为

[1] 华庆一. 以用户为中心的系统分析、建模与设计过程研究 [D]. 西北大学，2006.

[2]Yvonne Waern, On the Implications of users' prior knowledge for human-computer intraction[J]. 97.

两部分：一部分任务知识是除去系统本身，用户内部持有的有关如何达到任务目标的相关知识，包括任务的状态和程序等；还有一部分知识是系统相关的任务知识。因此在人机交互过程中，用户持有需求解问题的一部分表示，而系统则持有问题的另外一部分表示，用户需要利用这两种知识来组成关于任务的问题空间，交互问题求解则表现为两者之间的协调、通信与合作，两种知识越具有相似性，意味着用户可以形成更好的问题空间。因此，用户界面设计需要保持与用户有关任务和世界知识的一致性。

交互式系统作为帮助用户完成领域任务的工具，其使用目标实际是受到领域任务目标驱动的，用户持有的内部任务知识实际是领域任务含义及状态相关的知识，反映了领域任务的属性特征，也决定了系统及界面的信息维度。而系统及其应用知识实际是工具和工具状态相关的知识，是一种用户对系统如何运作的表征模型，反映的是人如何操作和使用系统的知识，关系着系统的行为维度。从两种知识的特点和作用看，在人机交互过程中，用户需要同时持有这两种知识才能顺利完成任务，如果系统或界面中缺少任务领域相关的知识，用户就难以在交互过程中形成达到目标的意图，而缺乏系统相关的知识则无法解释交互对象，也就不能实现系统的应用。

用户领域任务相关的知识决定了系统的信息范围，而其任务过程则决定了系统及其交互任务的用法，如系统如何被应用于解决问题和完成任务的工作中。"一个可用的用户界面应当对用户的问题求解过程提供有用概念的表示和操作，以使用户无须分心于那些不必要的用户界面设计细节"[1]。而使交互过程具有与用户任务相匹配的交互层次有赖

[1] 董建明，傅利民，Gavriel Salvendy. 人机交互——以用户为中心的设计和评估 [M]. 北京：清华大学出版社，2003. 36-54，16-17.

于对用户知识及任务的深入分析和理解，只有建立在对用户知识及任务的理解基础上，界面及系统行为才能更容易被用户学习和理解。

2. 任务目标

目的（Goal）是决策者通过解决问题(任务)所要达到的状态，这种状态具有一定的主观价值或效用[1]。simon[2]认为人的行为是以目标为导向的，这种目标导向的特点会导致行为模式的整合。目的是决定应该完成什么任务的主要准则。目标是用户期望的某件事或某物所呈现的某种状态。在用户的日常活动中，目标以问题的形式触发任务的生成。实际上，目标并不总是明确的，它往往具有模糊性、抽象性和不完善性，不能指导解决问题的具体办法。为了更有效地解决问题，人们一般会将目标分解为子目标，从而明确要执行的方式，因此目标具有层级特征，相对应的，为完成目标的任务也具有层级结构，每个低层级任务都是实现上一层级目标的途径，只要受到总目标的指引，行为就具有目的性，在人的日常生活及其行为中，为了实现目标，这种金字塔式的目标层级可以被完美地组织和协调。另外，对于不同的情境，活动总目标中的子目标对于解决最初的问题，往往包含了用户尝试性探索，一些目标在任务的执行过程中会被其他目标取代。如为完成一项任务，用户的尝试性操作不能完成任务，则需要寻找其他方法，这个过程是一个问题集聚的过程。

3. 任务意图

Nomrna[3]认为，意图（purpose）是为了达成目标而做出的行为决策。完成目标可能存在多种可能性，需要完成不同的子目标，而意图

[1] 李新旺,刘金平.决策心理学[M].开封:河南大学出版社,2003:43.

[2] 赫伯特 A. 西蒙.詹正茂,译[M] 北京:机械工业出版社.

[3]D.Norman, The Psychology of everyday things,BasieBooks[M].NewYokr,1988.

实际就是子目标。意图促使我们规划子任务或是行为序列来改变世界状态，因此意图与未来的状态有关的信念密切相关，一旦意图确定，我们会相信其代表的状态可以被达到。对于一些简单的活动而言，目标和意图有时是相同或者类似的，但对于一些复杂的活动，意图不一定是目标，意图通常比目标更集中和具体[1]。

4. 任务对象

对象（object），指特定环境下与任务相关的每一件事情，可以是客观存在的事物，如按键；也可以是概念性（非物质）的事物，如消息、口令等。任务对象与任务目标相关，目标的层次特点往往决定了对象的特点，目标状态往往包含单个对象或多个对象的状态。如在高层目标中，任务对象往往是抽象的概念或意图，在汽车的导航过程中，策略任务的对象是用户的路线及行为表征要素。

第二节　汽车导航用户领域任务特征

一、路线规划任务

"Wayfinding comprises the tactical and strategic part of solving the problem to find a distal destination." [2] 路线规划（route planning）也可以称为寻路（wayfinding），对于汽车驾驶，路线规划其实是对驾车移动任务如何执行的一种计划。Waller 和 Nadel 认为路线规划是一个集聚地点记忆、想象和计划的认知过程。在对环境及环境认知的角度上，Golledge（1995）提出，路径发现是一个有目的、方向和动机的，从起点到较远的、不能直接观察到的目的地的运动行为[3]，路线规划会产生

[1][美]Dan Saffer. 交互设计指南[M]. 北京:机械工业出版社, 2010: 31.

[2]Kai-Florian Richter, Stephan Winter. Landmarks GIScience for Intelligent. Services[M].Springer International Publishing Switzerland, 2014.

[3]Golledge RG, Place recognition and way finding:making sense of space, Geoforum, 1992, 23 (2), 199-214.

一种高度抽象的概念，需要建立在对位置、距离、方向、重要性、时间、联系及次序等相关要素的理解之上。路线规划任务实际是一种认知行为，路径规划任务包含两个主要的部分：一是基于任务目标对路线的思考和规划，包括基于任务目标对知识的管理和应用，经过策略、选择、决策等一系列过程生成行为计划；二是在过程中对路线/航线的保持，是行为计划的执行，需要用户结合认知和行为输出，保持与规划中的路线一致。两种任务在一些情境下并不存在明确的界线和顺序，如途中更改路线可能需要重新进行规划任务。目前针对用户路线规划行为相关研究的重心也主要集中在这两部分：一是关于用户如何形成路线计划的心理过程及表征特点，包括信息获取和加工的过程，以及概念属性的表征等；二是路线计划如何执行的心理及行为特征，主要是规划执行过程中的认知与操作行为。汽车导航的主要功能是提供必要信息支持用户完成路线规划任务，因此路线规划行为特征关系着汽车导航交互过程中的信息范围及交互操作，只有符合用户路线规划任务中的认知和行为习惯，才能有效辅助用户的空间移动行为。本节主要从以上两个方面讨论路线规划的领域任务特征。

由于受到任务目标和动机的驱使，同时也受到现实客观环境的各种约束，路线规划行为过程表现出一定的策略性特点。因此路线规划实际是一种以知识为基础的空间策略行为。在空间移动过程中，空间相关知识是人进行路线规划的基础。Lynch认为空间知识是人们把各种空间信息片段进行有序整合从而形成的关于环境的认知和理解[1]。因此空间知识的获取和现实空间的认知有关。空间认知关系到人如何理解地理空间的问题，通过空间的分析与决策，逐渐理解活动所在的现

[1]Lynch K.1959.The image of the city. Cambridge: The MIT Press.

实地理空间特征，具体则包括对这些信息的知觉、编码、存储、记忆和解码等一系列心理过程[1]。

1. 空间认知与知识

从空间的认知过程考虑，人们完成空间认知需要两个基本步骤：一是利用感官区别环境中存在的实体并形成分类的概念系统；二是识别实体类型，利用经验知识对这些空间信息进行解释[2]。空间认知使用户形成了对于空间环境结构的心理表征，即心象地图。心象地图实际是对现实空间特征的一种隐喻，并非完全精确无误，有时是非常抽象甚至是扭曲的，原因是人们构建心象地图所用的知识来源的不完整和模糊性。从心理过程看，构建心象地图的信息主要来源于人头脑内的记忆知识和外部环境。头脑中的知识与经验有关，表现出对不同区域的不同熟知度。而存储在外部环境的信息，需要通过人的感知和理解获得，通过信息加工等过程转化为短时记忆并作用到心象地图的构建过程中。外部信息的来源也可以分为两种：一种是对显示空间特征的感知；一种则是咨询信息，如询问路人、地图或使用智能设备等。另外，Rasmussen也提出，空间认知包括物理的环境部分，也包含行为主体参与到情境中通过自身技巧和价值观念对环境产生的解读，与任务目标也有关系，会受到任务情境及任务目标的影响。从空间知识的信息来源及影响因素看，在空间认知过程中，心象地图的形成不仅是空间知识的提取，更是在其基础上进行的空间知识再构建。心象地图和路线规划的任务目标共同影响了路线规划的特征（图2-2）。

空间认知的过程及心象地图的特征都与路线规划任务的任务特征和目标相关。因此在路线规划任务中，心象地图会形成以路线为中心

[1]Lloyd R.Spatial Cognition—Geographic Environment[M]. Dordecht:Hluwer Acadamic Publishers,1997.

[2] 李清泉 . 交通地理信息系统技术与前沿发展 [M]. 北京 : 科学出版社，2012：281.

图2-2 路线规划与心象地图

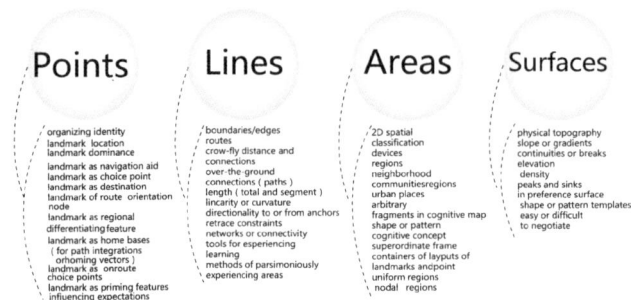

图2-3 空间知识要素 [1]
（作者整理）

[1]Golledge RG.Wayfinding Behavior [M]. Johns Hopkins University Press,1998.

[2]Barkowsky, T. 2001. Mental processing of geographic knowledge. Spatial Information Theory-Foundations of Geographic Information Science. D. R. Montello. Berlin: Springer. 371-386.

[3]Golledge RG.Wayfinding Behavior [M]. Johns Hopkins University Press,1998:31.

的知识结构。在这个过程中，空间知识的构建表现出以任务目标为导向的特点。对于面向任务的空间知识构建过程，Barkowsky[2]提出了以下几点：空间结构的构建与任务具体执行特征相对应；无论有多少空间知识都能被高效地存储在记忆中且被灵活地运用；当特定的任务所需要的空间知识缺失时，能够运用经验知识对其进行弥补；信息源及形态不同的知识可以融合成统一的表现方式；能够通过类似图像表达方式展现记忆中存储的各种隐式知识。

Golledge将空间结构知识要素概括为四部分，分别是点、线、面和表层，图2-3为四部分包含的具体内容[3]。图2-4则是基于四部分空间知识结构图式。由图2-3可见，点主要指地标，地标是环境中突出且可以被识别的特征，地标能够为观察者提供确认自身与目的地位置的空间线索，包括固定的、清楚的、独特的对象或区域，有利于方向和位置的判断；线主要指路径、线路等；面主要指区域，区域可以是固定的绝对地理位置，如行政区域划分、居住小区等，区域也可能是相对的，甚至是虚拟的，例如RetailMeNot推出的地理围栏（Geofencing）功能，地理围栏是LBS中的一种新的应用，利用虚拟围栏围出一个虚拟的地理边界，用来规定离开或进入该区域时用户接收到的信息（图2-5）。而soundwave用户则可以在应用地图上任意画出区域来搜索相关信息；表层信息则包括一些具有立体特征的知识，如地标的高度、斜度和一些抽象的信息，如人口密度、交通流量等（图2-6）。Golledge 在1978年针对空间知识结构特征，提出了一种基于锚点的空间知识认知理论，其中指出空间知识习得过程中以位置、特征、路段和熟悉区域为主要的"锚点"形成关于环境的表征，并影响着任务决策中的认知编码、存储和

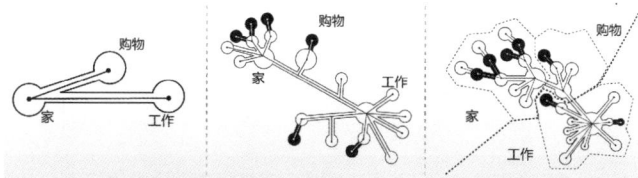

图 2-4　空间知识结构图式

图 2-5　RetailMeNot(http://www.retailmenot.com/mobile/)

图 2-6 Soundwave (https://itunes.apple.com)

解码过程。

2. 路线计划中的任务知识

从路线规划任务知识内容看，Golledge将其概括为三个部分：说明部分（declarative component）、关系部分（relational component）和程序部分（procedural component）[1]，三部分构成了路线规划任务的知识模型（图2-7）。其中，说明部分的知识主要包括现有地点的知识和地点之间相互区别的属性等，同时赋予它们意义和重要性。关系部分则主要包含了说明部分之间的空间关系，比如方向、距离和层次等，这两部分主要体现了用户的空间知识特征。程序部分的知识与行进在空间中的过程密切相关，它连接着说明部分来定义新的概

[1]Golledge RG. Wayfinding Behavior [M]. Johns Hopkins University Press,1998.

图 2-7 路线计划知识表征

念，比如路线。路线规划中的思考与规划需要建立在说明知识和关系知识的基础上，才能形成程序部分的知识 。从认知心理学的角度看，说明部分的知识和关系部分的知识是对空间属性的表征，属于陈述性知识；而程序部分的知识则是在空间知识表征的基础上结合路线对行为次序进行表征，是路线规划的属于程序性的知识，程序部分实际是路线规划任务中一个阶段的目标，即行进的路线。

在针对城市中的空间认知及路线规划任务关系的研究中，Eliahu stern[1]根据内容的不同又将用户持有的城市空间知识分为具体空间知识和全局空间知识两种。具体空间知识是指某一地点的详细信息，而全局空间知识主要是对城市整体空间结构的认知，包括道路层次及区域等知识。在寻路

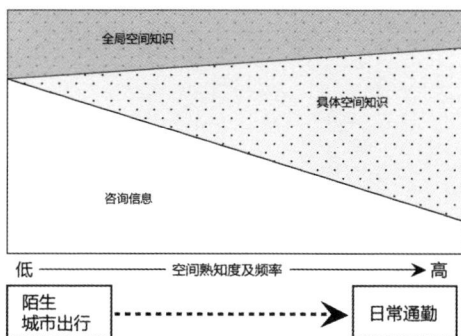

图 2-8　寻路情境与任务指示特征（Eliahu stern1999）

的过程中，这些知识并不单独存在，也并不是完整或正确无误的，且在不同的任务情境下与所运用的知识成分也不同。在完全陌生的环境中，用户往往以咨询信息为任务计划和决策的主要依据，而对于通勤的用户而言，路线规划更多依靠的是具体的空间知识（图2-8）。

从用户持有的知识特征出发可以将

[1]Golledge RG. Wayfinding Behavior [M]. Johns Hopkins University Press,1998;106.

[2] 李清泉 . 交通地理信息系统技术与前沿发展 [M]. 北京：科学出版社，2012，281.

路线规划任务分为三个不同的类型[2]，分别是：通勤（Commute），指对用户熟悉路径上的两个已知地点之间的路线规划；探索（Explore），指在不熟悉的区域内对周围环境进行学习为目的的线路规划，如旅游；寻找（Search），指从熟悉的地点出发以陌生地点为目的地的路线规划，或从不熟悉地点到熟悉地点的路线规划。

在不同类型的路线规划任务中，其实用户形成路线的具体方法也不同，在通勤中，路线规划主要是一种基于任务情境的路线选择和决策行为，而在探索和寻找类型的任务中，用户更倾向于寻找和发现路线。后两种情况受制于信息的不完整性，但是对于汽车导航的使用中，由于导航系统提供的信息可以有效弥补用户知识经验及认知能力，因此在使用路线规划时也面临着路线的选择和决策。选择和决策主要是由于存在多条通往目的地的路线，路线（Route）由一些节点及节点间相连的线（路段）构成，在空间行为中，路线连接起点和终点，在实际的城市路网环境下，起点和终点之间的线路往往不止一条，在两个固定的地点之间，可能存在多个备选路线（图2-9），且每条线路的空间特征都不同。在选

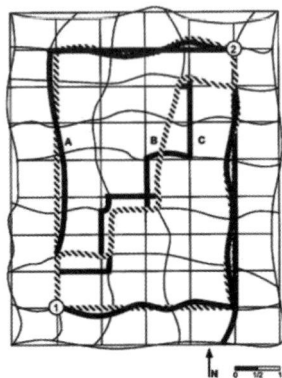

图 2-9　多路线规划

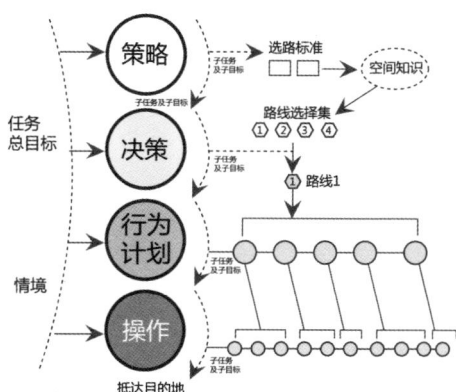

图2-10 路线规划任务过程

择的过程中，为了能更加匹配任务目标特征，路线规划往往需要一定的策略，这里的策略主要是为了在环境条件的制约下达到任务目标的要求，这个过程也体现出问题求解的特点，需要对任务目标及任务知识等进行综合考虑。图2-10为策略和行为计划的关系，为完成最终的路线规划任务目标，策略会形成子任务目标和中间任务目标，目的主要是根据任务情境和任务目标决定选路的标准和明确路线选择集。决策则是在选择一条路线，一旦路线行成，相应的行为计划就会变得明确。行为计划又会划分为更小的子任务目标及操作，最终完成移动任务。

对于选路的策略和标准，最少时间和最短路线往往是使用最多的标准。但实际上，用户对于驾车路线的选择依然受到其他因素的影响，例如道路层级属性[1]、拥堵状况及红绿灯路口数量等[2]。另外一些研究也显示，用户的个

[1]Ben Akiva M，Bergman MJ，Daly AJ & Ramaswamy R (1984) Modelling inter urban route choice behaviour. In：Volumuller J，& Hammerslag R，(Eds) Proc Ninth Internation Synposium onTransportation and Traffic Theory (pp. 299-330). VNU Science Press：Utrecht，Netherlands.

[2]Bonsall PW & May AD (1986) Route choice in congested urban networks. In：Research for Tomorrows' Transport Requirements (pp. 1407-1425). Proc WCTR Vancouver，May 1986,pub UBC Vancouver，BC Canada.Transportation and Traffic Theory (pp. 299-330). VNU Science Press：Utrecht，Netherlands.

表2-1 选路标准（作者整理）

最快路线	具有审美性体验
避免堵车	难度最小
红绿灯最少或红灯最少	最少障碍
费用最低	换乘最少
避免绕行	减少利用的道路类型的数量
应对已发生或将发生的堵车	多种可选性
最小化已选线路的节段	最小的负面环境因素（如污染）
最小化左转	最长步行路线
不规则交叉口最少	最短步行路线
减少弯道路段	
避开事故路段	
避免与重型卡车相遇	
起始点间保持一定的平均速度	

[1]Huchingson RD, McNess RW & Dudek CL (1977) Survey of motorists' route selection criteria.Transportation Research Record 643: 45-48.

[2]Golledge RG.Wayfinding Behavior [M]. Johns Hopkins University Press,1998;p31.

[3]Golledge RG.Wayfinding Behavior [M]. Johns Hopkins University Press,1998;106.

人属性及文化也会对用户的路线选择产生影响[1]。这些因素导致即使在熟悉地域且出行的起止两点非常接近时，路线选择也具有差异性。在现实的驾车出行中，影响路线规划行为的因素有很多，Tommy Garling[2]认为这些因素可以分为两类：一是与空间要素相关的，如方向、距离、空间熟知度等；二是与空间要素无关的因素，如个人偏好、年龄、性别等。各种因素导致选路有多种标准，表2-1中是较为常用的选路标准。[3]

3. 空间认知及路线计划分析实验

由上述分析可见，空间知识的认知过程及产生的空间知识是路线规划任务的基础，用户的路线规划产生的路线计划是用户对空间知识进行加工处理得出的行为计划，是对将要进行的移动行为所经历的空间特征的心理表征形式。实际是由任务相关知识组成的，本实验的目的是明确用户路线计划的知识表征特点。实验参与者共包含十人，年龄在25～54岁。实验目的主要是了解用户表征路线计划的特点。实验设定的任务为：实验对象通过手绘的形式在空白纸上画出一条路线，用以向实验者提供从起点到终点的路线指引。为了更好地理解用户的空间知识特点，实验中的路线设定在用户熟悉的空间区域，保证用户有更详尽和完备的路线知识可以在任务中操控。完成手绘路线后，要求实验对象口述路线图，利用录音笔的形式将口述内容记录下来。在用户完成实验后，将用户路线中的起点和终点在百度地图中进行路线搜索。实验将用户的路线图与桌面百度地图给出的路线图进行比较。图2-11为实验的比较分析图，从图中可见，用户用来表征空间的知识特点与本书对空间认知的分析结论相同，用户的空间知识来自生活中的经验知识，点、线、面的空间知识结构特征体现在用户的地图中，地标在路线中起到重要的定向指示作用；空间认知依赖于经验知识，用户使用的地标多是自己经常去的地点，例如超市和书店等；心象地图的扭曲和模糊性导致用户所画的路线图与实际的拓扑关系表现出不一致性，例如每段的距离比例是与实际中不同的，相对于距离和长度等概念，用户更倾向使用地标和路口。路线地图的视图角度也具有个性化的因素，并不总是上北下南；另外用户与桌面地图系统给出的地图并不完全一致，表现出选路的多样性。

下面是一段用户路线计划的语音记录内容："出门右边第一个红绿灯掉头，然后西往东走，从三一大道右转进车站北路，到五里牌立交桥后右转进八一路，第一个红绿灯左转直行，再过三个红绿灯路口就到了。"

图2-12为语言内容分析图，由图中可见，用户描述路

线计划的语言内容反映了本书对路线计划知识表征的分析结论，语言内容包括说明、关系和程序三部分内容。左右和东西等都是一种空间关系表述，例如"出门右边红绿灯"，路线描述的句子呈现出路线执行中的阶段特征，具有程序性的体现，如"然后、和、再"等词语的使用；红绿灯和立交桥等作为地标使用，体现了其在空间对象中的特殊性和意义，对于路线的定向有重要的意义。

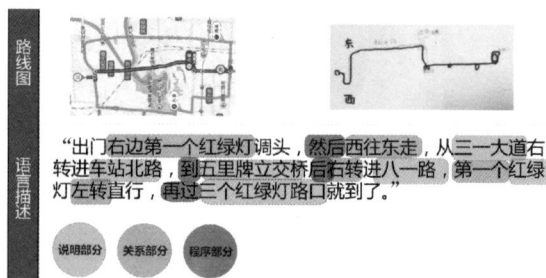

图 2-11　手绘地图分析图

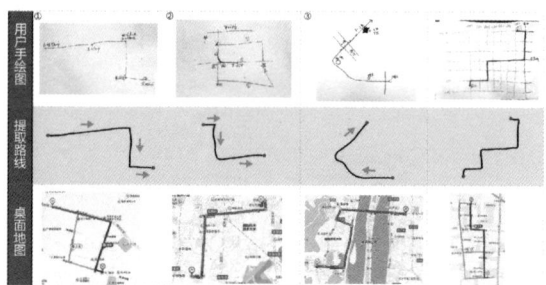

图 2-12　描述语言分析图

二、汽车驾驶下的路线规划任务

1. 驾驶任务层次与结构

（1）主驾驶任务特征

Rasmussen[1]在其生态界面设计理论

[1]John A. Michon.Human Behavior and Traffic Safety[M].Springer-Verlag US,1985:485-524.

（Ecological Interface Design，EID）中提出，人与操作系统交互中，人的行为方式可以分为三个层次：行为的第一层是基于技能的行为（Skill-based），在对系统的操作中，对熟练的事情会做出低思考的反射性动作；第二层是为实现特定的目标利用现有规则构建的行为序列，是一种基于规则的行为（Rule-Based）；第三层，即最复杂的一层，是基于对外部状况的认知和解释，采取判断决策并考虑规则进而转移到技能层的行为组合。在对汽车驾驶任务的研究中，Michon[1]把人的这种行为特点结合进驾驶任务的分析中，将驾驶任务分为三类：一是保持车辆正常行驶的操作，即控制任务（Control Task）；二是结合交通规则、行车环境以及与其他车辆安全互动的技术任务（Manoeuvring Task）；三是如路线规划等需要驾驶员推理和构思的策略任务（Strategic Task）。这三种任务在驾驶过程中往往相互关联、交替出现、共同作用并使驾驶处在安全、稳定的状态。

①控制型任务

控制型任务是驾驶任务的最底层，任务的对象是车，其主要目的是保持车辆的正常行驶，是一种基于技能（skill）进行操作的行为，主要是对策略任务和技能任务的执行，任务时间往往需要以毫秒计算。控制型任务包含的行为主要有踩刹车、制动与转动方向盘等。交互部件包括方向盘、刹车踏板、离合器踏板（针对手动挡车）和加速器（油门），还包括相关的控制部件，如转向灯、照明灯、雨刮器等。控制型任务实际是用户通过任务完成与车的交互，实现汽车的基本移动功能。

②技术型任务

技术型任务的对象为驾驶环境，是对外界环境的反应，需要用户观察行车环境或交通信

[1]John A. Michon："A Critical View of Driver Behavior Models: What Do We Know, What Should We Do"，*Human behavior and traffic safety*，1985，485-520.

号等，是由规则引(rule)导的行为，由于控制型任务实际是对环境中与驾驶任务相关信息监测，因此控制型任务以视觉为主要的感知通道，任务时间以秒为单位，包括速度的选择、车道变换、躲避障碍物、跟驰、超车、过十字路口、观察交通指示牌等行为。驾驶用户通过技术型任务完成与行车环境的交互，任务的主要目的实际是保证行车的安全性，依照规划路径行驶和在速度和舒适度间保持平衡并维持一个可接受的驾驶状态等[1]。

③策略型任务

策略型任务对象则是综合了人、车和环境，需要复杂的信息加工和决策，并考虑另外两层的任务，是一种基于复杂知识（knowledge）进行规划的行为，需要以分钟或小时来计算，策略任务是高层任务，需要较多认知资源的消耗，策略任务可以在驾驶前发生，也可能在驾驶的过程中发生。其内容包括决定目的地、起程时间、路线选择以及如何到达目的地等。在实际驾驶过程中，策略任务会受到技术和控制任务的影响，也需要技能任务的执行。

根据各任务特征和任务之间的联系可以构建出汽车导航下的任务模型（图2-13）。

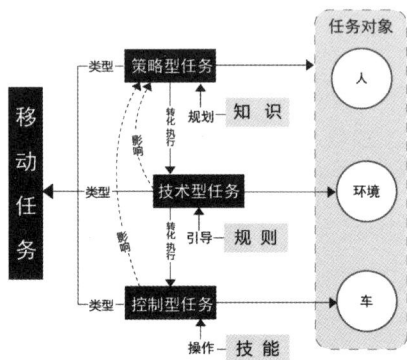

[1] 陶鹏飞.基于心理场理论的驾驶行为建模[D].吉林大学，2012.

图2-13　汽车导航下的驾驶领域任务模型

（2）副驾驶任务与非驾驶任务

副驾驶任务分为体现驾驶人意图的驾驶动作和可感知外部环境变化的驾驶反应。车辆人机交互安全与辅助驾驶包括如开雨刮器、近远光灯切换、鸣喇叭等操作。除了主驾驶任务和副驾驶任务，车内也存在非驾驶任务，如调节空调、操作收音机、接打电话等，另外还包括喝水、吃东西及其他活动。这些非驾驶任务的主要目的是提高驾驶环境的舒适度和进行娱乐活动。非驾驶任务会造成一定的驾驶安全隐患，如stutts[1]在针对驾驶事故的研究中指出，用户在操纵收音机及手机时易发生交通事故，其中由操作音频设备造成的交通事故约占交通事故量的11.4%，使用手机引起的事故量则占到1.5%。副驾驶任务同时对用户与导航系统的交互任务产生影响，主要表现在任务资源的竞争上，如用户在接听电话时，会由于专注听和理解通话内容而忽略对导航信息，特别是语音信息的接收和认知。虽然副驾驶任务与汽车导航交互任务之间存在相互干扰的关系，但实际上副驾驶任务与汽车导航交互任务是一种无关的并行关系。

2. 汽车驾驶对路线规划任务的影响

驾车出行中的路线规划具备一般路线规划行为的特点，也受到汽车驾驶的影响。在任务的执行过程中，任务会被分解为若干子任务，并形成明确的子目标，进而细分明确任务的具体执行，通过对子任务成果的感知、理解和评估形成记忆知识指导接下来的任务执行（图2-14）。在行人路线规划中，用户的任务目标会被分解为感知和肢体动作，从而完成空间移动中子任务之间的转换，但在汽车的驾驶中，用户的肢体动作被汽车的驾驶操作所取代。肢体动作，如行走等对用户造成的认

[1]Stuts J C.The role of driver distraction in trafic rashes[M].Washington，DC：AAA Foundation for Trafic Safety,2001.

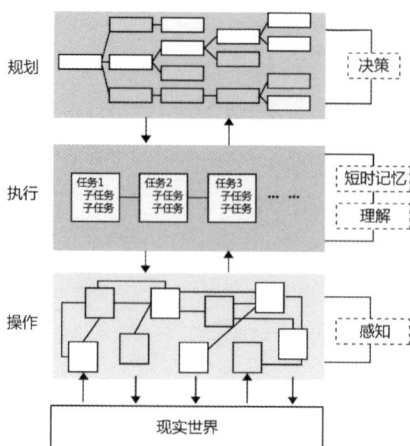

图 2-14　驾驶路线规划任务与执行

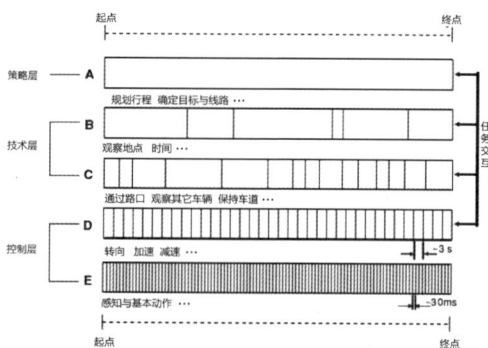

图 2-15　汽车驾驶中的任务层 [1]

[1]Koji Tanida Ernst Pöppel, A hierarchical model of operational anticipation windows in driving an automobile. Cogn Process, 20069(7)：275　287：279

知负担是较小的，因为大部分行走等基本的肢体动作可以由下意识完成，但对于汽车驾驶而言，汽车的操作实际是一种技能为主的行为，从任务构成看，每一个操作都是由若干动作组成的，其任务复杂性比肢体动作更高。

在执行移动任务的过程中，用户的任务自上而下具有不同的行为密度，规划任务及航线保持的任务属于高层任务，任务集中在航线的关键点处。由图2-15可见，位于底层的操作任务密度大，为了使车辆正常行驶，在人车交互过程中，驾驶用户需要对车辆操作控件的认知，如转动方向盘，通过对方向盘力度和方向及车之间的匹配认知车辆实际行驶状态；也包括对各种按键和车辆信息显示的认知，如读取速度、剩余油量等。通过这一系列感知以确保车辆的正常行驶。受到自身认知局限性的限制，驾驶用户对车辆的认知往往不是直接的车辆感知，通过车内各种控件的反馈及各种中间件的信息输出来进行认知。如速度，驾驶用户无法具体感知精确数值，对速度的认知也主要来自车内的信息显示板。

对于汽车驾驶用户，路线规划任务具备路线空间活动的一般特征，在任务的次序上依然是以空间知识为基础，对路线及行为进行规划，通过对空间知识的表征生成导航指令并指引到达目的地的航线保持。但从驾驶任务的特征可以看出，由于需要对驾驶任务分配一定的注意力和动作等任务资源，所以汽车驾驶用户的空间知识感知和理解都会受到一定的影响；另外，进行路线规划时除了基本的空间结构知识，路网系统的属性及特征对用户的路线规划任务起到重要的影响作用，其特征也是用户任务中重点考虑的要素，而路网系统及其特征包含要素也具有多样性。由图2-16可见，路网系统相关信息内容多样，不仅包含空间属性等信息，也包括交通状况等动态信息，这些都是造成驾驶用户选路任务复杂化和不确定性的主要原因。另外，行车路网系统中的交通规则信息也是驾驶用户必要的考虑因素，如一些城市道路的限行卡车、货车等，同样是驾驶汽车但卡车司机和家用小汽车的可选路线选择具有明显的不同之处。

概括地讲，对于路网系统及其属性的认知属于交通

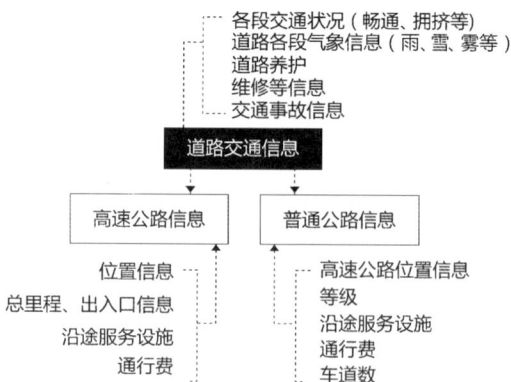

各段交通状况（畅通、拥挤等）
道路各段气象信息（雨、雪、雾等）
道路养护
维修等信息
交通事故信息

道路交通信息

高速公路信息　　普通公路信息

位置信息　　　　　高速公路位置信息
总里程、出入口信息　　等级
沿途服务设施　　　沿途服务设施
通行费　　　　　　通行费
　　　　　　　　　车道数

图 2-16　汽车驾驶相关道路交通信息

认知，交通认知主要指驾驶员在驾驶过程中对外部交通环境相关信息的认知，是用户驾驶汽车中的重要认知组成部分，对驾车安全和效率起到关键的作用。用户对交通及相关信息的认知主要是为了完成驾驶的技术型任务，在这一层任务中，用户以监视的角度观察和认知交通信息的内容及属性。概括地讲，交通信息可以基本划分为静态信息和动态信息。静态信息主要包括交通标志及指示信息等，认知对象主要是以文字或符号形式传递引导、限制、警告或指示等信息的标识类道路设施，主要类型包括指路标识、指示标识、警告标识和禁令标识。动态信息则指道路交通环境的其他车辆、行人、路况及交通事件等相关信息。通过对道路上其他车辆和行人状态的认知，用户可以执行相应的避让、跟驰、换道或超车等任务。通过对路况或临时交通事件及管制的认知，会影响用户的路线规划和驾驶任务。每种交通信息的认知过程都有自身特点。对于道路指示信息、堵车等信息，用户何时何处开始认知交通信息是交通认知中的关键问题。

交通信息对用户行为的影响首先建立在注意的基础之上，即用户需要先发现并注意到交通环境中如交通标示牌等信息才能对用户的行为发挥作用。交通信息对驾驶用户的路线选择和路线任务的执行起到重要作用，用户需要结合实际的交通规则和情境执行导航中的路线行驶任务，如在通勤类出行中，用户对空间问题已经相当熟悉，但对一条或多条路线中繁多的交通标识，如限速等规则却不可能完全记住，而动态的交通状况也不可能完全感知和预测，这些因素都会对用户的路线决策产生影响。因此交通信息的认知和导航驾驶任务的关系紧密：一是导航交互过程中会对交通信息的观察力造成影响；二是交通标识等是用户明确路线的重要信息，用户可以通过道路指示标识确认导航任务单元的目标意图，在必要时，汽车导航系统也会通过界面显示交通指示相关信息，如图2-17中，在高速公路中，道路指示标识是用户路线认知的重要地标，导航界面提供了相应的标识帮助用户识别现实中的方向，图2-18为导航中对交通信息的显示。

图 2-17　抬头显示中的限速标识显示　　图 2-18　佳明导航中的路牌显示

三、驾车出行活动与路线规划任务

路线规划是服务于用户驾车出行活动的，活动及出行决定了路线规划特征。时间地理学和人文地理学相关理论认为出行是活动派生的需求，活动和出行在时间、地点和参与者方面是相互关联的，同时又是发生在时空和有限资源制约下的环境之中[1]。以活动分析法（Activity-based Approach）为主的地理学相关研究则将重点集中在居民活动与移动的关系，重视活动和移动行为时空上的连续性，并通过两者的关系研究用户的出行需求及决策等问题。如Bhat和Koppelman(1996)认为，个人出行所服务的活动目的对出行行为有着显著的影响，对出行需求等问题研究需将出行行为视为活动的派生物，其分析应以活动为基础进行研究。

1. 驾车出行活动结构特征

驾车出行，即以汽车为交通工具从空间一地点到另一地点的移动过程。出行活动可以分为往返两个部分。从活动的层级特点看，出行及其移动行为实际是为完成活动总目标而进行的子任务。从驾车单次出行任务过程看（图2-19），用户从起点到终点的过程中，需要完成若干驾驶任务，如发动汽车、直行、换道和转弯等，到达目的地后需要停车，并通过步行或其他方式到达活动地点，在办理完活动事项后，用户会回到停车处，找到自己的汽车并开始返程等一系列任务。从图中可见，驾车出行过程中任务具有一定的程序性和连贯性，如达到终点的停车、取车及返程是连贯的一系列任务，每个阶段任务目标及完成的方式导致任务需求的不同。

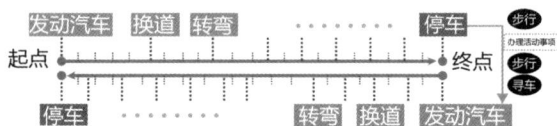

图2-19 驾车出行任务过程

[1] 柴彦威，沈洁. 基于居民移动——活动行为的城市空间研究[J]. 人文地理 : 2006 : 5(91):108–112.

在用户的日常生活中，一次驾车出行活动可能仅包含一次出行往返，在一次活动中可能包含多个往返的移动任务；有时用户的不同活动是连续进行的，一次出行会完成不同的活动。另外，从时间的持续性看，出行往往和用户的日活动计划有关，用户的活动计划常以"天"为单位，跨越较长的时间和空间。图2-20是以日活动链为视角的用户驾车出行活动分析图，图中用户的出行活动呈现出具有一定层级和阶段特点的链条状结构特征，在工作日的一天中，主行程可能是以工作为主要驻停点的往返行程，也存在以单位为起点的往返子行程，如午餐时间外出就餐等，下班后社交活动则造成当日的二阶段行程。另外，一天内也可能只存在一个活动。图2-21是以休闲旅游为主要目的的日活动链结构，可以看出，以景点A为主要的驻停点，往返途中会经过多个途经景点。通过图2-20和图2-21的比较可以看出，不同活动具有不同层次和阶段特征，用户进行行程规划的特征也不同。

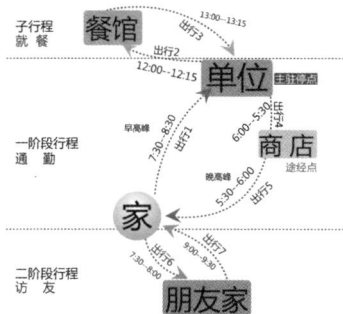

图2-20　工作日活动链　　　　　图2-21　旅游活动链

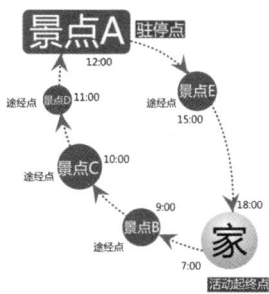

驾车出行中的行为应该是一串以活动目标为导向的行为链，活动属性决定了用户的行为结构特征。因此在考虑用户出行或移动需求时，必须考虑用户活动目标在时间和空间上的连续性。驾车用户的出行移动任务实际是用户日常活动中的一个子任务，活动总目标的完成依赖于各个子目标及子任务的完成，因此总目标决定了子目标的属性，而从出行活动

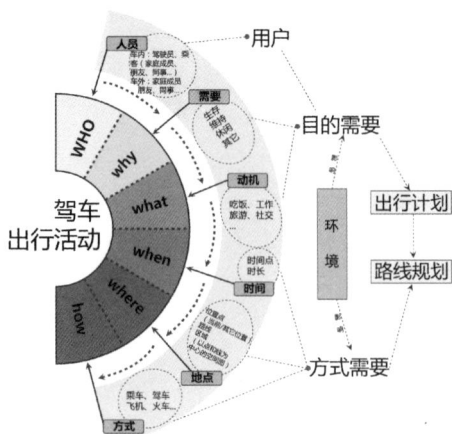

图2-22 驾车出行活动要素

进行的过程看，任务之间也具有程序性，是一种行为连续性的体现。

2. 驾车出行活动属性特征

在分析用户驾车出行活动属性特征的过程中，本书借鉴了人类学的六"W"原理。图2-22中，WHO指用户驾车出行活动的主要参与人员。从人员数量看，参与人员可能是驾驶司机一人，也可能是多个人。而参与人员的类型也具有多样性。从社会关系的角度看，参与活动的人员可能是家庭成员，也可能是和同事或朋友，有时甚至是陌生人。而从车的空间角度看，参与活动的人员可能不仅仅存在于车内空间，也可能存在于车外，比如其他车辆中的用户，或是在某地点的用户。

WHY指用户驾车出行活动所要满足的需要（Need）。心理学相关研究认为，获得或维持某种状态和感觉的愿望是活动的主要动机[1]。因此，活动是具有某种意义需要指向的。社会心

[1]Klein S B. Motivation: Biosocial Approaches[M]. New York: Mc-Graw Hill, 1982.

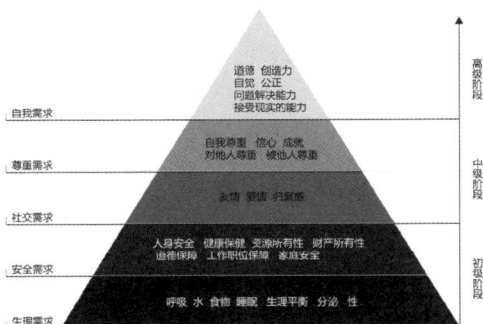

图 2-23　马斯洛需求层次理论模型

理学家马斯洛在《人类激励理论》中将人的需求进行了层次性划分，他将人的需要具体划分为五个层次，由低到高分别是：生理需求、安全需求、归属和情感需求（社交需求）、尊重需求和自我需求（图2-23），马斯洛的需要层次理论揭示了人需要的多样性特征，从满足需要是活动发生原因的角度看，用户的活动也具有多样性特征。Chapin[1]根据活动与需求的关系对活动类型进行了分析，将睡眠、食物、住所和健康等需求划分为生存性需求，需要通过工作、身体锻炼、教育、医药护理和社会服务等活动来实现其满足；对于文化层次、社会层次和个人层次的需求，包括感情、社会交际、安全感、成就感、精神激励和个人愉悦等，为满足这一层面的需求则需要社交活动，参加志愿组织和宗教组织等。另外，张文佳等人将活动类型划分为满足生存性的活动、不可任意支配的活动和自由活动或者休闲活动[2]。Lu等人则提出活动可以分为生存型活动（subsistence activity，主要指工作及工作相关）、维持型活动（maintenance

[1]Chapin F S Jr. Human Activity Patterns in the City: Things People Do in time and in Space [M]. New York: John Wiley&Sons, Inc. 1974: 21-42.

[2] 张文佳，柴彦威. 基于家庭的城市居民出行需求理论与验证模型[J]. 地理学报,2008,63(12):1246-1256.

activity，主要包括食品采购等日常购物行为、接送孩子上下学以及看病等）、休闲型活动（recreation activity，主要包括访问亲友、进行体育运动、散步、非日常购物、看电影、在餐厅吃饭等行为）和其他（如意外出行等）[1]。

借助Lu等人提出的出行活动分类，驾车出行活动的需要主要可以分为三种，分别是生存型需要（subsistence need）、维持型需要（maintenance need）和休闲型需要（recreation need）。

WHAT则指驾车出行的活动动机，动机是在心理强化下给需要的方向定位[2]，是需要的具体和精细化，每种类型的需要所产生的动机也具有多样性。如用户的需要是休闲，但休闲需要是模糊的和不确定性的，为达到休闲的目的，用户可以采取访友、非日常购物或看电影等满足休闲的需要，由此形成了休闲活动的具体动机，具体活动动机将形成活动计划及执行的基础。

WHEN指活动的时间，在驾车出行中，从活动的过程看，时间的要素属性包括两个部分，即时间点和时长。时间点指出发时间和到达时间等，是用户描述活动计划和状态的重要属性。而时长则是指整个行程或某段行程持续的时间长度，是用户表征活动属性的要素，如行车大概需要50分钟到达终点，堵车大概延迟30分钟等。

WHERE则指活动的主要空间位置。从空间认知理论看，活动位置主要由点（位置点）、线（路线）和面（区域）构成[3]，如在家附近，就是以点为基础的区域描述，而沿途周边信息则是以路线形成的空间为位置特征。

[1]Lu X, Pas EI. Socio-demographics, activity participation and travelbehavior [J]. Transportation Research Part A：Policy and Practice,1999,33(1):1-18.

[2] 戢晓峰，成卫. 基于出行决策的出行信息认知模式研究 [J]. 人类工学，2011,17(1):181-186.

[3]Donald A. Norman.Living with Complexity[M].London:The MIT Press，2010,113.

HOW则主要指完成出行活动的主要方式，如驾车、地铁或飞机等，用户的出行活动可能需要多种出行工具，如去外地需要驾车转飞机。

从心理学角度看，需要可以分为"目的需要"和"方式需要"，在驾车移动过程中，活动的WHY和WHAT决定了用户移动出行的目的需要，WHERE，WHEN和HOW则决定了移动出行完成的方式需要，而WHO则决定了待满足的活动主体及群体特征。另外，活动所发生的外部环境也会影响用户的需要，变化的环境特征会使其活动出行计划和路线规划产生变化。活动要素特征决定了活动的属性类型，不同类型的活动则有不同的出行计划。Martin Raubal[1]从时间地理学的角度出发，分析了活动的时间和空间特点，并将用户的活动分为灵活性活动和非灵活性活动。工作等活动属于非灵活性活动，出行的时间、起点和终点往往是固定的，路线变化不大；而灵活性活动，如购物和就餐等出行的时间和空间变化灵活性更大。

3. 驾车出行活动对路线规划任务的影响

从出行和活动的关系可以看出，出行的需求源于活动的需求，而出行选择的决策也是基于活动的需求[2]。心理学相关理论提出，心理现象不同于物理现象，心理现象具有意向性，即总是有所指向的。用户路线规划所需的信息不仅与移动任务本身相关，也取决于出行所在的活动需要、目标及特点。用户的活动属性实际为路线规划任务提供了上下文情境，对于路线规划的形成具有重要影响。

汽车驾车出行的活动特征对路线规划任务的影响主要体现在两个部分，分别是对所需任

[1]Martin Raubal. User centred time geography for location based services, Martin Rauball, Harvey J. Miller , Scott Bridwel Geografiska Annaler Series B-human Geography , 86 (4) , pp. 245-265.

[2]Jones P. M. The analysis and modelling of multi-trip and multi-purpose journeys[J]. Nuffield Conference on Multi-trip and Multi-purpose Journey, 1975.

务知识特征和任务决策的影响。首先驾车出行的活动属性不同，决定了路线规划任务所需要的信息内容范围不同，且同样的范围内，各个信息的次要程度不同，如外出就餐的活动中，餐馆信息是路线规划的重要信息基础，而银行等信息则不重要，在上班通勤活动中，时间是重要信息，而对于下班时则未必。因此驾车出行活动属性直接关系路线规划任务的表征内容。从决策的角度看，用户活动决定了路线规划任务的限制条件，如用最快的时间到达或最近的距离到达等，活动属性决定了用户的目的地或路线选择，并进一步导致最终路线的决策特征。

第三节　汽车导航路线规划任务与信息需求

汽车导航提供的功能可以分为两个主要的模块：一是提供基于活动地点相关的位置信息服务，包括车辆定位、空间位置查询、信息咨询等，主要是为用户提供活动或路线规划必要的信息。二是帮助或代替完成路线规划任务，包括路线的选择和航线的保持。从用户出行活动的任务过程看，汽车

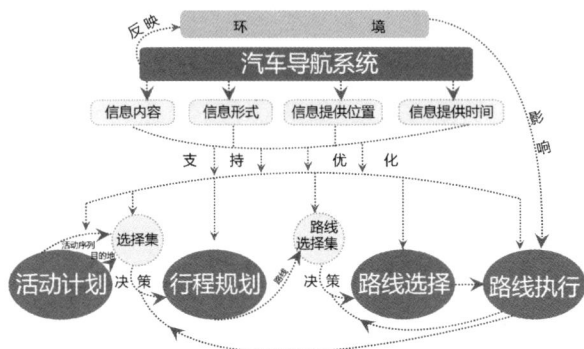

图 2-24　汽车导航信息与驾车出行活动

导航通过提供信息辅助决策和替代部分任务的方式对用户的认知及行为进行优化。由图2-24可见，汽车导航系统可以反映现实的环境特征，通过导航信息内容、信息形式、信息提供的位置和时间满足用户在出行活动过程中的需求。为用户的空间认知、路线决策和执行提供支持，进而使用户的整个驾车出行活动过程得到优化。

汽车驾驶过程中用户路线规划任务的要素是对驾驶及出行相关要素的综合把握，从汽车导航提供的信息内容看，导航信息内容和范围需要反映用户不同任务层次和阶段的需求才能保证导航功能的实现，基于用户路线规划的领域任务特征分析结论，本书归纳了汽车导航为辅助用户路线规划任务所需包含的信息模型，由图2-25可见，从任务的角度考虑，导航提供的用户所需的路径规划及指引信息主要包括：汽车驾驶任务相关的交通和车辆信息；与寻路任务相关的空间信息，如方位、距离、参考对象和次序信息等；与移动总任务相关的时间信息和匹配在地理空间上反映活动属性的附加信息，如POI信息等。

导航信息的内容、形式以及提供的时间和位置反映了用

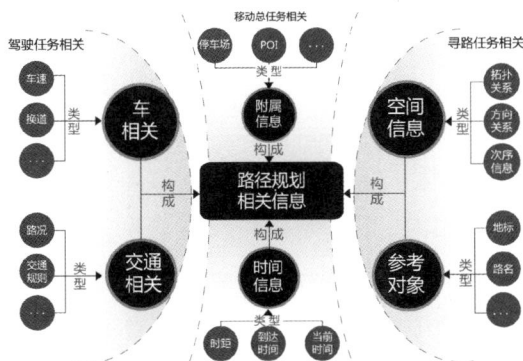

图 2-25 汽车导航信息模型

户领域任务需求特征，基于领域任务的目标和阶段，获得导航信息的交互过程也具有明显的不同。映射了用户的领域任务结构和特征，汽车导航人机交互任务也具有阶段和类型区分，不同类型任务在不同阶段表现出对信息需求的差异。

人机交互任务过程实际是用户使用作为工具的导航系统的过程，导航系统应用任务的目的是辅助领域任务的完成，因此汽车导航的交互设计应建立在用户领域任务的特点基础上才能使用户的心理模型和交互模型保持一致性。根据本章第二节中路线规划任务过程的特点，汽车导航系统的功能实现也主要体现在两个方面：一是起程前的选路问题，二是行程中的路线引导问题。与导航系统的交互行为构成用户与导航系统的人机交互任务，领域任务相对应的人机交互任务分别是路线设置及路线引导。两部分的交互任务在任务时机、任务目标及任务完成的方式上都存在不同。路线设置任务是为了明确路线，多是在用户对路线没有把握的时候才会进行，主要任务目标是获取必要的信息，选出一条行进路线。而路线引导任务是用户已经明确路线后的航线保持，这个过程主要是用户对导航指示信息的获取和认知。由图2-26可见，在人机交互任务的流程和内容上，两部分任务都体现出自身的特点，路线设置部分首先由用户输入导航目的地开始，导航系统会将目的地或车辆位置及路线选择等信息通过界面提供给用户。用户通过交互任务认知信息，并在导航系统提供的路线选择集中通过操作界面完成路线确认。在明确路线以后，导航系统会在数据库中提取必要信息生成导航指令信息并通过界面传达给用户，用户在汽车导航路径引导的过程中，通过感知指令信息，输出行为操作，其主要的操作目标为汽车，通过驾驶任务的完成来保持航线的正确，这个过程中不断变化的环境影响着导航指令的内容。

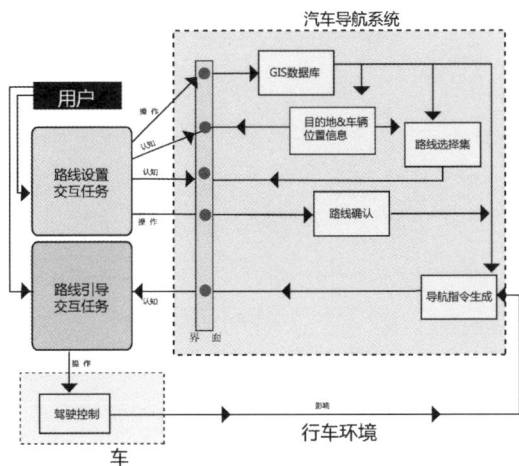

图 2-26 汽车导航人机交互任务

一、路线规划与设置

路线规划与设置的交互任务目标主要完成路线选择。任务过程首先是设置目的地，然后根据自身活动动机及需求特点在导航系统提供的路线中集中选择一条备选路线。由图 2-27可见，这一部分实际是用户基于任务总目标确定的子目标，包括明确选路标准和路线集。

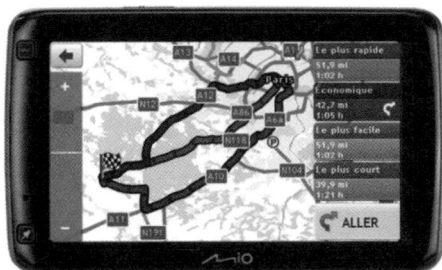

图 2-27 mio 导航中的路线设置页面

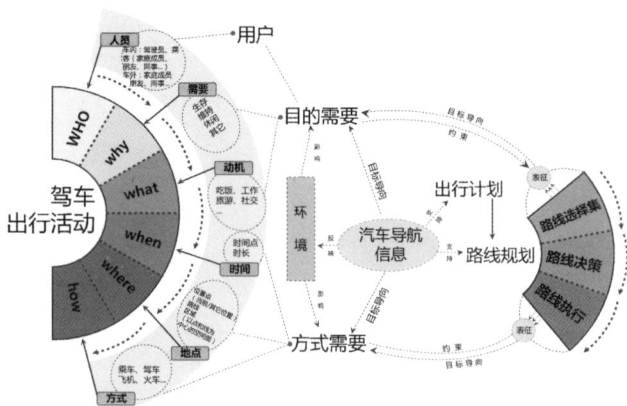

图 2-28 驾车出行要素与汽车导航信息

在路线设置部分起到关键作用的是用户驾车出行活动的属性及目标特征。从上一节第三部分内容可知，用户的路线规划任务实际是出行活动的一个子任务，因此受到活动属性要素的影响。由图2-28可见，汽车导航系统提供的信息内容以活动的目标需要为导向，并结合活动发生的环境信息为用户的出行活动计划及路线规划任务提供支持。在路线规划过程中，活动的属性特征会约束用户的路线规划任务特征，约束体现了用户对于方式需要的特征，在路线规划任务中会使用户采用不同的选路标准，进而影响路线选择集及最后路线的形成。用户的路线规划行为和执行特征也直接反映了活动各要素特征。活动中各要素的差别导致用户对汽车导航信息内容及结构的需求差异性。

Stephen[1]在对导航信息进行的研究中，将导航使用的出行进行了活动和任务层次的划分，将研究的中心放在指示信息内容与活动的

[1]Stephen C. Hirtle, Sabine Timpf. The Effect of Activity on Relevance and Granularity for Navigation. M. Egenhofer et al. (Eds.): COSIT 2011, LNCS 6899, pp. 73-89, 2011.

表2-2 活动、任务与目标示例（Stephen2011）

活动 目标	带朋友去医院急诊室 尽快获得治疗	去看望医院朋友 社交
任务1 目标	开车去医院 尽量，选最快的路线	开车去医院 选择最近的路线
任务2 目标	将车停在急诊室旁 距离急诊室最近	寻找可以停车的地方 收费便宜
任务3 目标	前往急诊室 用最快的速度	进入大门 寻找指示信息
任务4 目标		去朋友房间 不迷路

关系上，通过不同活动中导航指示信息语义学分析，归纳了不同活动中任务及任务需求的差异。根据活动理论中对活动的层级理论及目标导向原理，将活动划分为具体的任务，并提出，活动的属性特征将导致路线规划任务目标及需求信息的不同。由表2-2可见，即使在目的地相同的条件下，用户出行的子任务及目标也存在差异性，导致对导航功能需求的差异。

从活动的层级特点看，出行及其移动行为实际是为完成活动总目标而进行的子任务。从单次出行的往返移动任务看（图2-29），用户从起点到终点的过程中，需要完成若干驾驶任务，如发动汽车、直行、换道和转弯等，这部分是路线的执行操作，导航系统通过提供指示信息来支持和优化用户行为。由于汽车是活动的主要活动工具，因此服务信息内容与行车紧密相关，如环境中的路况信息或在转弯前提示换道等。而到达目的地时则面临停车、取车及返程设置的问题。由此可见，单次行程具备不同的阶段，每个阶段具有不同的任务特点，导航信息应根据具体阶段为用户提供相应的提示信息。

在路线设置问题中，汽车导航系统是否真实反映用户

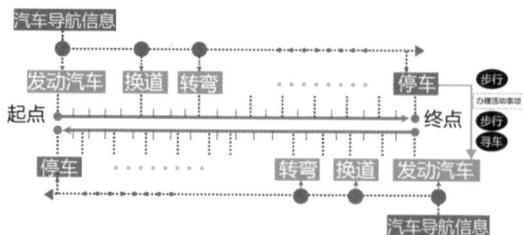

图 2-29　汽车导航信息服务与出行

的任务意图是关键，从上节及上段内容可知，除了基本的路线选择标准，路线规划中的选路标准有很多，路线选择标准是用户描述路线的主要形式，以路线的突出特征为主要内容，同时受到活动特征、环境及用户个人特征等多种因素的影响。由图2-29可见，在交互任务的过程中，用户通过信息输入描述自身的任务意图特征，导航系统是否为用户提供了描述需求的操作对象和内容决定了用户是否能较好地达成人机交互任务目标。

二、路线执行与引导服务

[1] 李清泉 . 交通地理信息系统技术与前沿发展 [M]. 北京 : 科学出版社，2012，281.

[2]Tversky, B. & Lee, P.U. How space structures language. In C. Freksa, C. Habel, K.F. Wender (eds.), Spatial Cognition. An Interdisciplinary Approach to Representing and Processing Spatial Knowledge (pp. 157–175). Springer.

路线引导通常被描述为一系列对用户的行为进行引导的指示信息，以使用户从出发点沿着正确路线抵达目的地[1]。路线引导服务于用户路线规划任务中的第二个阶段——航线保持，以路线规划的执行和操作为主。因此路线指引信息是一种为到达目的地以任务为中心的行为描述信息[2]，实际也是对用户完成移动任务过程的一种描述。其内容包含一系列方位和行为的描述要素，是用户需要在决策点采取行为的概念化表达。从心理表征的角度讲，路线实际是由决策点和行为成对组成的，这些决策点及决策产生的行为依次序组成了路线。一段路线指示包含着一个决策点及通往下个决策点的方向[1]。路线指引的最主要目的就是帮助用户在决策点确定如何前行，从而保持通往目的地的正确航线。

路径引导的方式主要分为两种：一种是在起程前预先提供整条路线的指示信息，另一种是在行程中提供的逐步指示的形式。目前的汽车导航主要采用的是逐步指示的形式，逐步导航不必用户记住所有的路线及空间的结构信息，在逐步的引导中，指示信息只有在临近决策点时提供。逐步引导的方式可以保持用户较低的认知负担并减少对汽车驾驶任务的影响。Tversky认为逐步导航的形式也存在一定的缺点，如无法为用户提供有关行程及路线的整体信息，用户只能依赖于汽车导航设备提供的短时信息来进行驾驶，造成驾驶用户一定的紧张感，当导航信息与实际任务目标出现偏差时也不易被用户察觉。为了降低这种缺陷，需为用户在行程前甚至是行程中任何需要的时候提供有关整条路线的详细信息[2]。

空间相关信息的概念化和逻辑化表达对用户理解导航指示信息具有重要的作用。路径指引中的空间知识表征形式具有多样化的特征，可以采取如几何图形、象征符号、语言和图像等，在汽车导航系统中，这些信息往往是综合应用的，其路线指引的信息形式以语言和图形为主，图形等视觉信息通过视觉界面传达，而语言则需要通过语音传达及视觉界面传达。汽车导航系统通过图形及文字语言等形式帮助用户形成关于出行空间的表征。

目前的汽车导航路径引导功能主要采取以转向为主的逐步引导方式。以路程中的关键决策点为划分依据，整个移动任务可由以决策点

[1]Daniel,M.-P. &Denis, M. Spatial descriptions as navigational aids: A cognitive analysis of route directions[J]. Kognition swissens chaft, 7;45-52.

[2]Michael P.Peterson, Location Based Services and Telecartograpy[M].Springer-Verlag Berlin Heidelberg 2007;205.

为中心的若干子任务单元组成，这里的决策点主要指路程中航道发生变化的关键点，如转向、高速路出口、高架桥入口等。在关键决策点，用户的驾驶任务状态会发生明显变化，用户会面临是否转向和换道、何时转向和换道等问题，过程往往同时包含横向驾驶和纵向驾驶行为，受到路面其他车辆状态及交通规则的限制，具有一定的复杂性。在每个单元任务中，导航系统通过界面输出路径关键指示信息，用户对信息进行感知、理解后，形成行为意图，并将意图转化为行为计划（即形成新的任务计划），随后通过技术型和控制型驾驶任务的执行完成任务并进入下一个任务单元

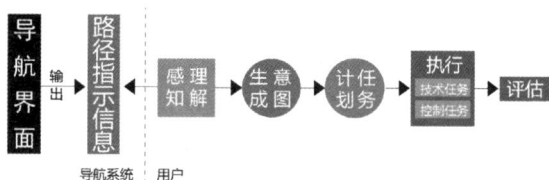

图 2-30　以决策点为中心的单元子任务过程

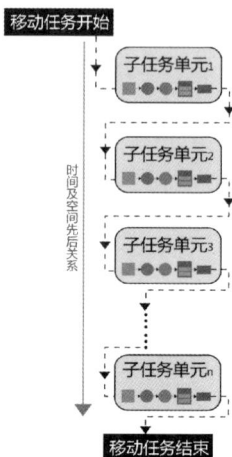

图 2-31　汽车导航路线引导
中的交互任务结构

（图2-30）。在整个移动任务过程中，若干子任务单元以时间和空间的序列为依据，构成了导航移动任务中窄而深的任务结构特征（图2-31）。

在导航的过程中，用户的驾驶行为可能会发生一系列有序的行为，交互行为引发和影响驾驶行为，而驾驶行为特征也决定了交互的过程和内容，比如在转向的关键决策点，受到交通规则的限制，用户可能需要进行纵向和横向驾驶行为的调整来进行换道行为，并为即将执行的转向任务进行准备，特别是当前行驶车道非转向车道时。

汽车导航引导行车的过程中，用户的交互任务结合了传统机器交互与计算机界面交互的特征。驾驶任务是用户与车的交互，而汽车导航系统的交互则体现出用户与信息系统的交互特征。两种交互模式彼此联系，互有影响，在用户的整个移动任务过程中，车、人和导航系统是一个不断互相感知、理解和修正行为输出的过程。

三、案例分析

1. 案例分析1

Beat the Traffic——面向通勤的汽车导航

Beat the Traffic（图2-32）是一款针对城市驾车通勤用户的应用，其主要功能是为上下班的用户提供往返路线的交通信息。在Beat the Traffic中，时间信息成为主要的信息服务内容。为帮助用户进行决策，应用界面可以提供多条路线的时间详情，包括行程耗时、延迟时间以及历史用时比较，用户可以及时了解行程耗时并更改行驶路线。而在同类应用INRIX Traffic（图2-33）中，用户在出发前就可以通过智能手表端的INRIX Traffic获得即时路况信息，应用甚至会根据路上的交通状态提示用户出发时间。对于通勤驾车用户，在上班

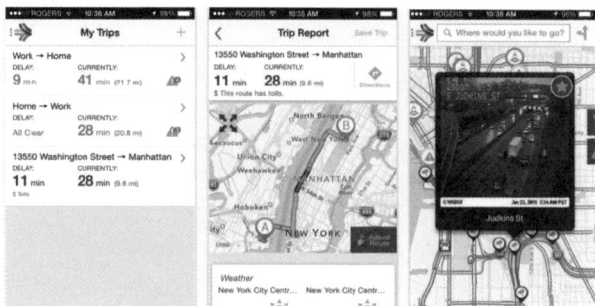

图2-32 Beat the Traffic (http://beatthetraffic.com/)

图2-33 INRIX Traffic

时间的出行往往会将准时性放在首位。由于出行的出发地和目的地往往是固定的，而用户对路线及备选路线熟悉程度也较高，因此匹配在空间信息上的时间信息显得尤为重要，并成为辅助用户决策的关键。

2. 案例分析2

Waze——面向使用主体的汽车导航

Waze（图2-34）是一款以众包为核心，基于社区概念提供导航及位置服务的应用，Waze希望通过它提供的服务建立一种驾驶者间的社会网络。在Waze中，用户可以报告自己遇到的实时路况信息，特定加油站的汽油价格，或是驾驶员在何处应留心超速监视区和避免发生交通事故等。也

图 2-34　waze（https://www.waze.com）

可以同朋友分享自己的位置、目的地、路线和抵达时间等信息。另外它还具有拼车功能，并为拼车信息发送者与接受者的汇合提供导航服务。在Waze提供的导航功能中，个人活动的社会性关系是基础，导航服务具有交互性，不仅包括"人机交互"，也体现出"人人交互"的特点。出行活动的用户主体不再是单独的个人，而是体现出一定的社会关系和群体性，用户的角色在交互过程中不仅是信息的接收者，也是信息的生产者和创造者。Waze导航较好地体现了用户在驾车出行活动中的社会性特征。

3. 案例分析3

Garmin——面向活动链的汽车导航

以旅游出行为例，用户可能面临选景点、选路、购票和就餐等多个问题并需要完成相应的任务，针对旅游用户的这些出行需求，Garmin在其汽车导航产品中推出了"轻旅行"服务（图2-35），通过图文结合的方式为用户提供旅游咨询，服务还支持用户将这些信息下载到导航终端阅读和执行，在导航界面中点击景点书就可以浏览景点和线路信息并执行导航功能。对于以旅游出行，咨询信息往往成为需求的要点，而且与驾驶路线紧密关联，在Garmin中，所有的信息都服务于用户的活动目标（即旅游），在旅行时间和空间的基础上，资讯内容除了提供游览多个景

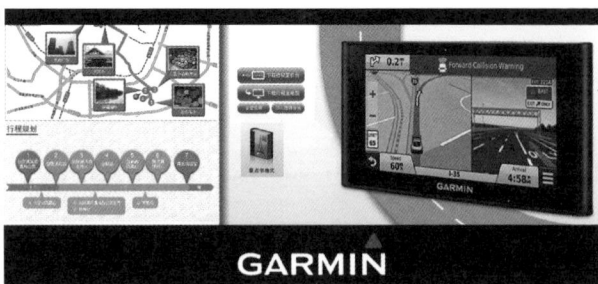

图2-35　Garmin 轻旅行服务（http://www.garmin.com.cn）

点的路线及时间规划外，还提供完成各子任务的信息，包括旅游过程中衣食住行相关的各种信息，较好地满足了用户完成行程规划的层次性需求。

4. 案例分析4

宝马i3——面向出行方式的汽车导航

新纯电动及其 BMW i (图2-36)互联驾驶服务是专为纯电动BMW i3而开发的。BMW i 导航系统的核心部分是带动态续航里程地图的续航里程辅助控制功能，充分体现出电动车作为出行工具的特点。BMW i3 的导航系统可兼顾与导航相关的所有因素：充电电量、驾驶风格、交通情况和行驶旅程的地形条件，并且根据这些因素显示最省电的路线。从而保证可利用当前的蓄电池电量最快、最有效地抵达目的地。用户可以通过手机端的BMW i 远程助理确定充电站和目的地，并且直接发送给车辆导航系统。另外，根据目前电动车的续航和充电问题，BMW i导航系统还提出将出行方式延伸到其他交通工具，将地铁或轻轨之类的替代交通工具纳入导航中，显示可替代的公共交通工具并引导车辆到达该点附近的充电点，通过手机端BMW i持续提供导航时间表和相关信息，并在返程时找到车辆，从而保证用户的可达性。

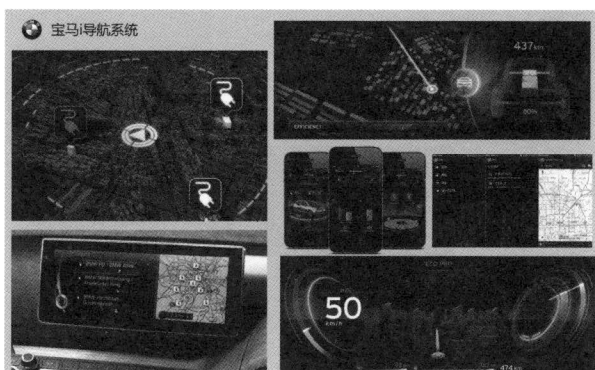

图 2-36　宝马 BMW i 导航系统

小结

从问题求解的角度看，交互式系统是用户完成领域任务的工具，领域任务特征决定了人机交互任务的特征，本章主要内容包括首先对汽车导航人机交互的领域任务即路线规划任务进行系统的分析；其次对汽车导航人机交互中路线规划任务进行了分析。

1. 研究表明，路线规划任务是一种基于空间认知与空间知识的策略型任务，受到任务目标及任务知识的影响，其任务输出主要是作用于空间移动的行为计划；空间知识是由点、线、面和表层属性组成的结构型知识，基于空间认知及知识特点，路线计划由说明、关系和程序三部分组成；根据路线规划知识的持有状态，路线规划可划分为通勤、探索和寻找三种类型，每种类型中用户所持有的任务知识和完成任务的方式各有特点；研究梳理了路线规划的任务过程，提出路线规划不仅包含一系列内在的信息加工过程，也包括在计划执行过程中的认知与行为交替。

2. 汽车驾驶任务及路网环境对驾车中的路线规划有重

要的影响，在本章的驾驶任务与路线规划任务的关系分析中，结合驾驶行为分析相关理论，将主驾驶任务分为三个类型，分别是技能型、技术型和策略型。研究提出，路线规划属于策略型任务，驾车中的路线规划及执行依赖于驾驶任务的完成，因此汽车驾驶中路线规划任务不仅受到交通及路网系统环境的影响，也受到汽车操控行为的影响。

3. 路线规划任务的目标是保证用户空间移动任务的完成，从任务的目标导向性看，路线规划是服务于用户驾车出行活动的，驾车出行活动特征决定了路线规划的任务特征。本章对驾车出行活动的属性及结构进行了分析，通过六"W"的分析方法明确了出行活动属性特点对路线规划任务的影响机制，通过活动分析相关理论，明确了单次出行任务结构、日活动链结构与路线规划的关系。

4. 研究表明，汽车导航通过提供必要的任务相关信息可以有效辅助用户的路线规划任务，分析明确了导航功能及交互对用户驾车出行活动及驾驶任务的影响机制；构建了导航信息与任务类型的关系模型；提出汽车导航系统功能与交互过程需要符合驾驶需求及活动属性才能提高交互的可用性和体验性；根据任务需求研究提出路线设置与路线引导是领域任务映射下的两个主要人机交互任务，两个任务在交互任务意图、结构及方式上存在不同；同时指出，汽车导航系统通过功能与交互，改变了用户驾车过程中的路线规划任务结构特征，使整个路线规划任务呈现出以决策节点为划分的深而窄的任务结构特点；人机交互与驾驶任务之间存在着密切联系又互相冲突的关系，需要合理处理任务之间的关系才能有效保证导航功能的实现。

03

第三章
汽车导航交互中的任务认知与决策

第一节　概述

从上一章内容可知，路线规划任务是一种基于知识的策略型任务，任务相关信息的认知及任务的决策是路线规划任务完成的关键，而在汽车导航系统的使用过程中，路线规划任务的认知与决策取决于人机交互任务中对导航信息的认知，这个过程不仅与导航系统提供信息的内容和形式相关，也与用户个性化特征、驾驶任务和行车环境等因素相关，这些因素造成了导航任务情境的多样化，多任务及任务特征的多样化使用户在导航人机交互过程中面临着一定的时间压力和任务负荷等问题，如何使汽车导航交互设计满足用户对导航信息的快速感知、理解和决策，需要基于对用户认知及决策机制的研究。本章通过文献研究与案例分析的研究方法，结合认知心理学及情境意识相关理论对汽车导航中路线规划任务的认知及决策机制进行了研究。主要内容包括：汽车导航人机交互任务中的用户任务知识、任务情境特征和决策机制；汽车导航人机交互中的情境意识内容，形成机制及特征研究。

本章内容相关概念和术语：

1. 认知心理学

认知学（cognitive psychology）是以人类大脑的功能结构、思维过程及心理活动为对象进行研究的一门综合性学科。认知心理学兴起于20世纪50年代中期，在20世纪70年代成为西方心理学的重要研究方向之一，涉及从感知输入到问题求解、从人类个体到社会活动以及人工智能等相关问题的研究。认知心理学将人的认知过程作为研究的重点。"将人看作一个信息加工的系统，认为认知就是信息的加工，包括感觉输入的变换、简约、加工、储存和使用全过程。"[1]认知心理学领域的研究涉及注意、知觉、表象、思维、记忆和语言等认知现象，并认为这些心理现象在认知过程中是统一的并且交织在一起的。认知心理学研究还包括如何通过视觉、听觉等接收和理解来自周围环境信息的感知过程，以及通过人脑进行记忆、思维、推理、学习和问题解决等人的心理活动的认知过程。

认知（cognition）是一个人认识和了解他在现实世界时所经历的各个过程的总称，包括感受、发现、识别、想象、判断、记忆、学习等[2]。从广义来说，是任何生物体生理特征的一种功能表现。从狭义来说，则是指人脑接受外界输入的信息，经过头脑的加工处理，转换成内在的心理活动，进而支配人的行为，这个过程是一个信息加工和处理的过程，也就是认知过程[3]。认知心理学的一个重要观点则认为可以用计算机类比人的内部心理过程，这种类比主要涉及人和计算机的逻辑能力，即在计算机程序水平上描述人类的内部心理过程。

2. 感觉及知觉

奈瑟尔（Neisser）认为认知是将感觉输入转换、简化、加工、存储、发现和利用的过程。人对外部环境的认知是从感觉开始的，人通过各种感觉器官来感觉外部事物的属性、运动及状态。虽然感觉是一种较为简单的心理过程，但其对人的认知有着重要的作用，感觉的形成是认知的基础。人对外部环境中事物的感觉可以分为视觉、听觉、味觉、肤觉和嗅觉五种。另外，人的感觉对象还包括人体本身的各个部分及其变化状态，人对自身的感觉包括：运动

[1] 杨炳儒. 基于内在认知机理的知识发现理论 [M]. 北京：国防工业出版社, 2009.

[2] 周影. 基于空间认知的路径查找模型的设计与实现 [D]. 山西大学.

[3] 晓红. 基于空间认知的网络地图设计与评价研究 [D]. 武汉大学, 2013.

感、平衡感和机体感。知觉和感觉关系紧密，感觉是知觉的基础，虽然两者相似但又具有明显的差别。首先，知觉是对外部事物整体属性的反映，是一种比感觉更高的心理活动，在知觉的过程中，需要知识经验和主观因素的参与；其次，感觉是对事物个别属性的反映，而知觉是对事物整体的反映；最后，从两者产生的机制看，感觉来源于人的感觉器官，其过程介于心理和生理之间，而知觉来源则是感觉，其过程更加复杂，知觉是从特征的分析开始的，客体的各个特征先得到确认，然后与关系结合，就形成了对客体的解释，就可以将这个解释同记忆中存储的原型进行匹配[1]，人的知觉可以根据内容划分为空间知觉、时间知觉和运动知觉等。

3. 记忆

记忆（memory）是过去刺激在人的大脑中留下的痕迹，是人脑对过去经验的一种反映，而记忆的过程也是人积累经验的心理过程。

记忆是人通过感知把所获得的信息输入记忆系统并进行编码、存储和提取的过程，也是个体积累知识、保存经验并加以运用的过程，它可以将人心理活动的过去、现在和未来连成整体，并使认知和个性特征得以形成与发展。记忆在认知心理学的研究中起到重要的作用。感知、思维、意志及情感都要建立在记忆的基础之上。认知心理学将记忆的过程分为三个阶段：信息编码、信息存储和信息提取。信息编码包括对外界刺激信息的反复感知、思考、体验和操作；信息存储则是将信息编码阶段已加工处理了的信息以一定的形式保存在记忆系统中；信息提取主要指在一定的情境下，从记忆系统中查找并重现已存储的信息并运用在特定情境中。

[1] 李伯约. 自然语言理解的心理学原理 [M]. 上海：上海学林出版社，2007：76

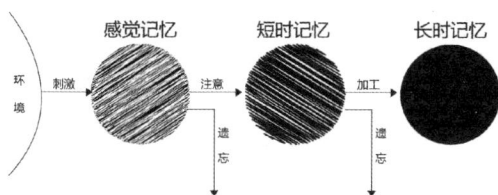

图 3-1　人的记忆系统结构及信息加工流程

从记忆的内容角度看，记忆可以划分为形象记忆、情绪记忆、逻辑记忆和运动记忆。认知心理学中，从信息加工的过程出发，以记忆的时间为依据，将记忆划分为感觉记忆、短时记忆、长时记忆三个阶段（图3-1）。每个阶段的记忆在信息输入、加工、存储及提取的方式上存在一定的差异，而且三个阶段的记忆对信息存储的时间也不相同。感觉记忆是信息加工过程中的第一个阶段，是信息在人脑中进行登记的步骤，人通过各种感觉器官感知外部信息的刺激，并使记忆保持极短的时间，由于外部环境信息具有动态变化性，如果对感知的信息不加注意，使信息转换为较为持久的形式，信息就会被新感知的信息混杂，导致信息的识别失效。感觉记忆的特点是：感觉记忆的容量不受限制，感觉器接收到的信息都会被登记；但是感觉记忆的保持时间极短；需要被赋予一定的意义才能进入记忆的下一个阶段转为短时记忆，无法完成转换的信息将会在认知过程中消失。短时记忆存储的是一种初级加工的信息，以语音、听觉和视觉为主要的形式进行编码和存储，西蒙等人在对记忆的研究中指出，短时记忆的容量有限，信息单元为7 ± 2个，而保持的时间一般为20s。短时记忆包含了各种信息以及处理了这些信息的特定操作。长时记忆是记忆的最高阶段，从记忆的保持时间看，长时记忆中的信息可以保存数月、数年甚至终身不忘。就如巨大的信息存储库，长时记忆的容量也不存在局限性，其信息由对短时记忆内容的复述或复习得来。长时记忆的信息按照意义进行编码和组织加工，并按照一定的层次网络进行存储。编码在长时记忆中的种类可以分为语义编码和表象编码。长时记忆的内容具有备用作用，在当前信息的刺激下，可以激活其部分内容，并参与到当前的信息加工过程中。

4. 陈述性知识和程序性知识

陈述性知识（declarative knowledge）是关于事实的知识，即关于自然、人物等的一般性知识[1]。陈述性知识可以分为三种类型：事实性知识、情景性知识和抽象知识或一般原理性知识。事实性知识关于特点物体及事件相关的知识。情景性知识属于事实性知识，主要是存在于人经验中的知识，如上次我走这条路线时堵车导致行程延时。抽象知识或一般原理知识主要用于具体的事物中，例如数学公式或法则。

程序性知识（procedural knowledge）主要指在特定条件下所采取的行为，通常指操作能力，即头脑中关于事情如何做的知识。一般情形下，陈述性知识是作为程序性知识的准备知识而存在，程序性知识通常需要在练习的过程中获得，例如你学习了一本有关汽车驾驶的书，虽然书上描述了如何驾驶一辆汽车，但并不意味着你能实际驾驶一辆汽车。程序性知识是针对特定情境下如何执行任务的知识。

陈述性知识是存在对错之分的，如"出行的终点在目前位置的西南方"这句话有可能是对的，也有可能是错的。而程序性知识不存在严格的对错之分，有时陈述性知识和程序性知识并没有严格的区别，但在解决问题的任务中，两者的关系紧密，往往需要两种知识的共同作用才能有效达成任务目标。另外，陈述性知识可以转化成程序性知识。

[1] 杨炳儒. 基于内在认知机理的知识发现理论 [M]. 北京国防工业出版社，2009.

5. 任务情境

情境（situation）在人们生活中扮演着重要的角色，针对不同的问题和领域，情境的概念有多种。在心理学中，情境是"问题的物质和概念的结构，以及活动的目的和嵌入其中的周围社会"。[1]情境不仅是环境中固定的某一部分，而且是从人类的活动中发生的一种关系特性。情境的定义过程是由人根据知识来定义情境以及情境中的实体及实体间的各种关系，例如"用户在什么时间和什么地点做什么"就是关于用户情境最基本的一种描述。用户的活动、决策和行为都取决于当前的情境。"情境"这个术语最早应用在语言学中的定义是世界不仅包括物体，还包括具有特性和处于相互关系中的物体。有一部分世界虽然不是准确的个性化，但按照常识和人类语言习惯是被承认的。这部分世界被称为"情境"。事件和片段是某一时刻的情境，情景是视觉可感知的情境，转变是情境的序列，事实是用语言来强化的情境。Coutaz[2]认为情境不是简单地以交互资源的固定集合在事先定义的环境下，而是与始终变化的环境交互过程中的一部分，这个交互环境是由可重构、迁移、分布和多尺度的资源构成的。Anind K .Dey认为：情境用于表征一个实体所处情景的任何信息。实体可以是用户及应用中间的交互（包括用户和应用自身之间的交互）相关的个人、地点或物体。

"行为是由头脑中的知识、外部信息和限制因素共同决定的"，[3]目的和计划并不能解释人的所有行为，原因在于在大部分情况下，行为不仅仅是含有动机的，也是会受到激励的，外部环境因素会呈现出动态的特征，与用户心理过程中的目的与计划相互作用，形成一

[1]F. 瓦雷拉 . 具身心智：认知科学和人类经验 [M]. 李恒威等译 . 杭州：浙江大学出版社 ,2010.

[2]Coutaz J, Crowley J L, Dobson S , et al. 2005.context is Key[J]. communications of the ACM,48(3):49–53.

[3]Donald Norman. 设计心理学 [M]. 北京：中信出版社，2010：69.

个环形的过程，这种行为的灵活性其实本身就体现了人、目标及环境的互动性。西蒙认为问题的解决过程反映了任务的情境，人和任务情境交互关系决定人及行为的特征。任务情境是在达成目标的过程中，对任务行为产生限制的必须被满足的条件，因此任务情境往往决定了任务的特征。Lucy Suchman认为在人机交互过程中，"有目的"的行为并不仅仅是计划的执行，而应该理解为情境行动，即在特定的具体情境下执行的行动[1]，在构建问题空间的过程中，任务情境对用户任务求解及执行也具有重要的意义。Hutchins等人从分布式认知的原理出发，提出人机中的交互行为使得任务目标并非完全取决于内部对象的状态，而是更依赖于环境状态的变化。因此，目标本身也具有分布的性质。

在人机交互的相关研究中，情境的作用被越来越多的学者所关注，陈媛嫄[2]基于活动理论集合情境感知和情境认知概念提出了基于活动的情境感知系统交互设计方法。许多研究集中在交互情境及其相关功能的开发中，一些研究也显示情境可以有效提高人机交互的可用性和体验性，而在交通及驾驶相关领域，情境也得到广泛的重视，如Baumgartner[3]就将情境及情境意识运用到交通管理的研究中，以求提出更加适合的交通管理方法。

美国社会学家托马斯[4]则将情境视为态度和价值观。他认为情境是个人或社会进行活动时的客观条件，在特定时间里，直接或间接影响个人或群体的意识情况，情境即对条件、状况和态度意识的比较清楚的概念。任务情境认

[1]Plans and Situated Actions: The Problem of Human-Machine Communication.

[2] 陈媛嫄 . 基于活动的情境感知模型与情境感知交互设计 [D]. 大连海事大学，2012.

[3]N. Baumgartner, W. Retschitzegger, and W. Schwinger. Lost in Space and Time and Meaning-An Ontology-Based Approach to Road Traffic Situation Awareness. In Proceedings of the 3rd Workshop on Context Awareness for Proactive Systems (CAPS 2007), Guildford, United Kingdom, June 2007.

[4] 库尔德 . 勒温 . 拓扑心理学 [M]. 北京:北京大学出版社，2011.

知在汽车驾驶及汽车导航的交互任务中具有重要的作用，在本章中，情境将以任务情境的形式加以讨论，重点是探讨情境及其认知在导航交互任务过程中对用户认知与决策的作用，通过情境意识相关理论对汽车导航信息的传达问题进行分析。

6. 任务决策

决策是在研究和制定若干种行动方案的基础上，选择并采取能够最优地实现行动目标方案的决定活动[1]。决策自古有之，从宏观来讲，决策就是制定政策；从微观来讲，决策就是做出决定。"运筹帷幄，决胜千里"说明正确决策的重要性[2]。

决策是针对行动目标的，也是指向行动的，其本质主要是为了解决问题或者是矛盾所做出的决定。在解决问题的过程中，决策的发生通常由于解决问题存在多个方式选项。决策过程分为三个阶段：首先是收集和感知与决策相关的信息；其次是思考与决策相关的现在和将来状态；三是根据预测和推断选择选项。决策会产生新的意图集合。一旦一个意图形成，它就会约束角色的进一步行为。在任务的过程中，每项决策都包括选择目标以及目标相关行为。

西蒙认为："决策是在当前的信念约束下，根据当前意图（当前需满足的交互对象状态的表示）在候选目标/子目标中确定一个候选作为新意图的过程。决策将产生一个新的意图集合。一旦一个意图形成，它便约束了角色的进一步行为。"[3]对于决策而言，只要是包含了最终目标实现的决策，都是"事实判断"。价值要素和事实要素还可以组合在同一个目标中[4]。

[1] 李新旺，刘金平.决策心理学[M].开封：河南大学出版社，2003：3.

[2] 马张宝.旅游出行决策支持系统的方法和技术研究[D].山东科技大学，2009.

[3][美]赫伯特·A.西蒙.管理行为[M].北京：机械工业出版社，2004.

[4][美]赫伯特·A.西蒙.管理行为[M].北京：机械工业出版社，2004：4.

第二节　汽车导航用户的任务认知与知识

　　在传统的驾驶任务中，路径规划任务所需知识主要来源于用户的经验、环境以及咨询，在熟悉的地点，用户依靠经验记忆中的知识组织心象地图进行路线规划。熟悉程度关系着用户的空间知识的具体性和准确性，而对于陌生地点，用户只能通过咨询信息，对空间进行学习进而形成规划，这个过程中由于信息的不完整性，心象地图的知识来自阅读地图或向他人的咨询取得，这种信息来源一般具有不完整性甚至不正确性，因此用户形成的心象地图较为简单，可用信息较少，导致路径规划及决策不充分和不确定性。而在汽车导航的使用中，导航系统依据GIS系统和GPS技术可以提供较丰富和准确的任务相关知识，对用户的路线规划行为起到一定的辅助作用。

　　由图3-2可见，对于汽车导航过程中用户的认知及行为的特点可以看出，用户有关空间和线路的知识来自三个部分：首先是汽车导航的信息，其次是行车环境中的信息，还有一

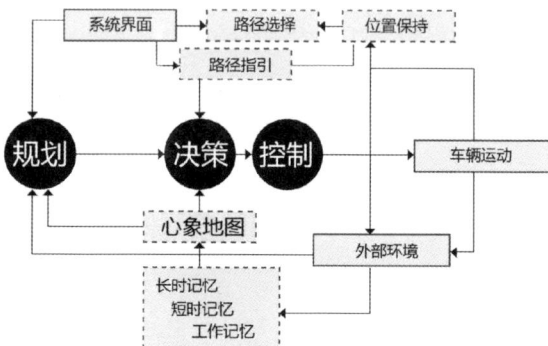

图 3-2　汽车导航交互过程中的规划过程

部分则来自用户的经验知识，在不断的循环认知过程中完成对于行驶的定向和行为修正。在汽车导航使用下，虽然导航系统为用户提供了丰富的任务相关知识，但实际上，这些信息依然要被用户用于内在的信息加工程序中，最终形成类似的空间表征形式，进而用于行为计划和执行中。因此在汽车导航系统的交互过程中，用户的主要任务是利用导航信息来规划从出发地到目的地的路线，任务知识的来源不仅来自用户的经验知识及环境观察，也来自导航系统，因此在整个移动任务过程中的重要子目标就是对导航系统信息的认知，即从系统中习得任务相关的知识。用户对导航信息的认知和理解代替了用户对现实环境特征的观察、理解和记忆过程。在与汽车导航系统的交互任务中，对导航信息的良好认知直接决定了用户路线规划任务的完成进度。通勤类出行中，用户在熟悉区域进行路线规划及执行时主要用到了记忆中关于路线的具体知识，而当面临不熟悉区域时则需要通过全局知识来对可行路线进行推导。在汽车导航的使用过程中，导航提供的信息都属于具体知识，是关于路线的详细信息，这些信息优势在于不需要较高的认知水平，但缺点在于这种信息并没有建立在良好的心象地图之上，使用户在导航中具有一定的盲目性。当导航信息发生偏差时，例如在陌生区域去往陌生地点时，目的地和路线都有可能发生设定错误，用户不易察觉这种偏差或错误。另外，从具体信息的内容来看，汽车导航指示信息的内容中利用数字距离代替了用户由认知及记忆等心理过程产生的关于路线的次序和属性特征内容，利用道路名称和数字编号等代替了用户知识中关于路线的地标和特征印象等内容。因此汽车导航信息提供的信息与用户自身产生的路线指令信息具有明显的差别，这种差别导致用户对理解导航指令过程中具有一定的负担，用户需要对这些信息进行有效的加工处理才能用于具体行为的指导。

第三节　路线规划任务的任务情境

在城市路网系统中，起点到达终点存在多种路线形成的路线选择集，在实际情境中的选路过程中，路线选择集中的可选路线数量与用户持有的任务知识含量及质量相关。知识含量高意味着用户知道更多的备选路线，而知识的质量则与路线的精准度相关。路线选择集的具体路线内容可以分为以下几种（图3-3）：客观路线，包括客观上从起点到终点所有可行的路线；已知路线，用户知道的可选路线；可行路线，用户已知路线中可较好满足出行目的需求的路线；可用路线，在可行路线集中通过权衡和比较选出的路线；使用路线，用户最终选用的路线。

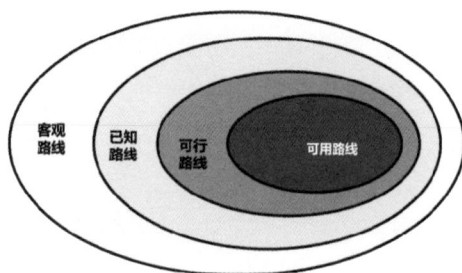

图 3-3　路线集分类

Piet H.L. Bovy[1]认为实际的路网环境中，从起点通往终点的路线数量是巨大的，但是相比较，用户持有的已知路线数量却很少，一般在5条左右。从第二章内容可知，以用户持有的空间知识熟知度为依据，路线规划任务除了通勤类外，还包括探索和寻找。后两种同通勤下的寻路行为相比较，其主

[1]Piet H.L. Bovy , Eliahu Stern.Route choice[M].Kluwer Academic Publishers,46.

要区别在于对路线的熟知度不同。在探索的情境中，用户对路线的熟知度最低，用户可能在陌生的地区前往一个陌生的目的地，用户不知道从起点到终点的路线，也就不存在备选路线，而探索情境中，用户对空间知识具有一定的了解，但又不全面，在实际的情境中，三种路线规划任务不具备明显的差别，或者有时会随着时间的推移，用户经验知识的积累，相同的任务情境下用户的任务过程也会体现出不同的特征。例如，用户来到一个陌生的城市，开始时，其出行都是以寻找为主，经过一段时间，用户对该城市具有一定的空间知识，其出行则表现出探索性。因此出行路线规划过程中的路线选择集中的路线受到用户经验知识的影响明显，越是属性的区域，用户掌握的具体知识越多，在任务中的认知水平也越高，图3-4为从一个熟悉区域到另一个熟悉区域时用户对路线集的认知特征。

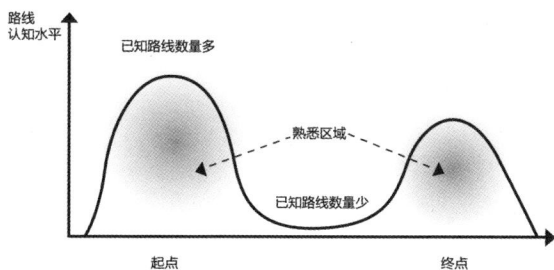

图 3-4　路线认知与路线集

　　用户在不熟悉的区域进行路线规划时，其规划多在行程前进行，在行进中，用户通过对环境信息的感知和理解来评估自身的路线，用户规划路线与预期的路线可能存在较大的出入。与通勤情境相比，用户的路线可选性较少，在行程中不存在明显的路线变更的决策点等。

　　相对于陌生区域的出行，最常见的路线规划任务情境是往返于学校和工作单位的通勤出行。在通勤中，用户一般会选择习惯路线，除非得知习惯路线有可能或已经存在不确定的行程延迟情况，如交通拥堵信息、事故信息、天气信息、出行某路段发生的特殊事件信息等。为了避免延迟，用户可能需要通过更改驾车出行的时间、路线、交通工具或目的地来避免延迟的发生，有时甚至可能会改变整个活动计划。而在行程中，用户可能通过导航设备，或者其他信息，如道路可变信息指示牌、交通广播等获得导致延迟的信息，这时用户只能选择放弃活动或更改路线。图3-5为TomTom导航仪在界面中为用户提供的动态交通信息，界面信息提示行程延迟，并询问用户是否选择备选路线来节省时间。

图3-5　TomTom 导航仪动态交通信息提示

当在行程中面临更改路线的必要时，用户需要重新进行路线规划任务，因此在驾车移动过程中，路线规划任务的两个子任务（规划和执行）并非完全是先后次序的关系，相应的选路的决策点也不止一个。从选路的决策特征出发，存在两种选路情境[1]：一种是从起点到终点之间的备选路线不存在交会点，见图3-6中A各个备选路线间是平行的关系，在这种情境下，意味着用户选路的规划和决策在起点就完成，在之

[1]Piet H.L. Bovy.Route choice：wayfinding in transport networks[M], 19.

后的行程中不存在决策的必要，路线不会产生变更直到到达终点；第二种是在行程中备选路线之间存在交会点，路线间存在共享一个路口或路段的情境，这种情境下，用户不仅可以在起点进行选路，也可以在路线交会处对路线选择进行重新决策，这些交叉口成为路段节点，在一些情境中用户可能要在行程中的某个或多个节点进行选路决策，而在某个节点，用户也可能会面临多条路线的抉择。而当加入驻停点和途经点时，选路的复杂性将更大（图3-6）。

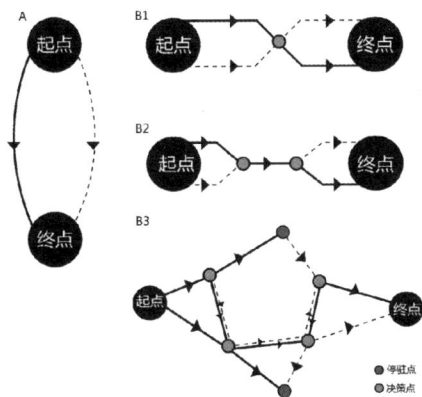

图3-6　选路情境与决策节点

第四节　汽车导航中的任务决策机制

在人的行为过程中，认知的主要目的是为决策提供基础，决策的产生则驱动了动作的执行。从上一节内容可见，用户路线规划中的重要子任务就是在路线集中选出一条路线。无论是在传统寻路过程中还是使用导航的情境下，用户都面临着路线的决策问题。图3-7为导航系统为用户提供的路线备选集，界面中显示了导航系统为用户计算出的三条路

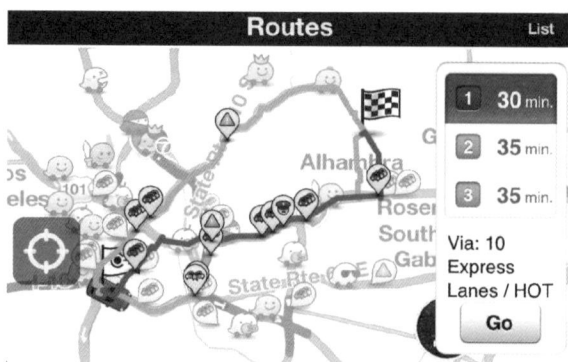

图 3-7　waze 导航系统的选路页面

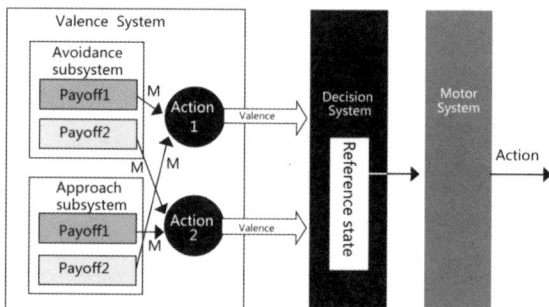

图 3-8　决策过程模型

线，并显示了路线的相关特征，用户需要在三条路线中选择一条作为执行路线。

决策的产生需要经过一系列内在的信息加工过程。在 Busemeyer 和 Townsend[1] 趋避决策理论基础上，Eliahu Stern 和 Juval Portugali[2] 整理了行为决策的过程模型（图3-8）。行为潜在的利益或损失会通过相应的趋避子系统产生，这些结果会被输入价值系统，通过注意力权重和当前的行为联系，由于在思考过程中，用户对推理结论所付出的注意力不同，因

[1]Busemeyer, J. R., & Townsend, J. T. Decision field theory: A dynamic cognitive approach to decision making in an uncertain environment.Psychological Review,100(3), 432-459.

[2]Golledge RG. Wayfinding Behavior [M]. Johns Hopkins University Press,1998:104.

此这个过程中权重也会随着时间不断变化。但在任何时刻，一个行为的价值都表现当前行为的预期价值。这种价值结论由价值系统产生并进入决策系统，在决策系统中，价值会被比较，通过比较会产生对各行为的优先强度，最终，优先强度会驱动执行系统输出行为。

基于趋避决策理论，由图3-9可见，在路线决策过程中，驾驶用户需要权衡各路线的利弊，通过对路线属性要素的比较，形成对各路线的偏好强度，当某一路线的强度达到阈值时，该路线就会被选择。在这个过程中存在多个影响路线价值计算和比较的因素，包括内在和外部的客观因素。内在主要指驾驶用户自身的个性因素，包括驾驶经验、个人偏好、出行目的和性质、风险承担和决断能力等；外部因素中，道路状况的动态及不确定性则决定了任务情境特征，在

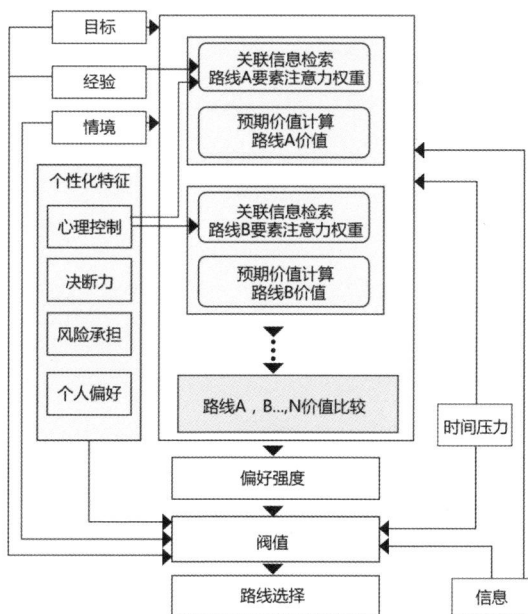

图3-9　路线选择决策模型

途中接收到的信息也对路线的比较和决策提供支持。另外，时间压力也是影响路线规划任务决策的重要因素，时间压力是指驾驶用户做决策时受到的时间限定所引发的压力感，当分配给驾驶员的时间较少时，就可能造成时间压力的增加，进而影响决策加工的质量。除了在完全陌生的区域寻路，用户对路线都具有一定的经验知识，在通勤出行中，习惯路线也会对路线决策产生很大的影响，习惯路线和经验知识往往会吸引更多的偏好度，影响决策的时间周期和结果[1]。

Lotan[2]和Koutsopoulos[3]采用近似推理的框架建立了驾驶用户的路线选择及决策模型。模型的核心由if-then的生成式规则形式组成，生成规则是生成式系统认知行为理论中的概念，生成式规则来自这样的基本假设：人类的认知行为是面向目标的且可以用条件关系的形式进行表达。这种"如果……就"的规则就是"生成"或"生成规则"。一个if-then规则是由一个条件部分和一个行动部分组成。条件和行动两个部分都可以包括语言标签，如果线路A堵车，则可能延迟任务时间；如果任务时间延迟过长，则可能需要选择线路B。通过这种产生式规则下的近似推理机制对路线的价值进行计算，并对每个方案最终的吸引力进行比较，最后选择最偏好路线。Lotan和Koutsopoulos的理论实际表现了决策推理过程中路线价值计算、阈值等要素的因果联系特征。从上述选路决策的一系列分析中可见，路线规划任务中的选路决策特征受到多种因素的影响，用户需要依赖任务及行为相关的各种任务知识，决策过程具有一定的复杂性。

[1]Arthur P , Passini R . Wayfinding: People, Signs and Architecture[J]. Print, 1992.

[2]Anzai,Y. Cognitive control of real-time event driven systems. Cognitive Science,1984, 8(3):221-254.

[3]Jagacinski, R, J. & Miller,R. A. Describing the human operator's internal model of adynamic system. Human Factors,1978, 20(4):425-433.

刘伟在人机界面设计一书中提出,决策有三个主要过程[1]:"一是收集和知觉同决策相关的信息和线索;二是考虑决策相关的现在和将来状态,产生或选择同线索有关的假设或情境评估;三是根据推理的状态,不同结果的成本和效果,计划和选择选项。"在汽车导航的使用过程中,用户通过对导航信息的感知和理解形成任务知识,并在此基础上进行决策,因此导航信息能否有效辅助决策是汽车导航功能可用性的关键问题,尤其是在提供动态交通信息的情境下,用户在途中的选路决策问题尤为突出,用户需要在有限的时间、空间和不确定因素的条件下利用导航信息对路线进行决策,汽车导航是否为用户提供了辅助决策的必要信息决定了用户的决策效率和准确性。从决策的过程看,汽车导航信息对用户决策过程的影响可以概括为:(1)信息的表现形式是否易于识别和理解;(2)从内容上是否满足用户对信息的需求,这一部分不仅与效率相关,也与路线是否表现用户的意图相关,准确良好的导航信息内容可以减少用户的决策时间,提高用户的决策准确性。

第五节 汽车导航交互认知——情境意识

一、情境意识相关理论

意识是指人在觉醒的状态下的觉知,包括对外部的客观环境、自身以及自身与其他个体关系的觉知,也包括个人在任何一个特定环境下知觉过程中的各种经验,如知觉、记忆、情感、思维,以及对这些内容和自身行为的评价等。认知心理学相关研究还将注意选择后集中于注意分配作为重要的研究内容之一,目的是明确人选择和忽略信息的特征。

[1] 刘伟,庄达民,柳忠起.人机界面设计[M].北京邮电大学出版社,103.

从导航过程中用户的任务结构和特征可以看出，用户在驾车情境下，认知和决策受到时间的限制，用户需要不断分配注意力来完成多个任务，导致每个任务的认知不能进行长时间深入的细节认知，因此情境意识对用户认知任务特征和形成关于任务的表征具有关键作用。

情境意识（Situational Awareness，SA）是指用户快速认知环境并做出反应的认知模式。情境意识相关理论以人对环境的认知和思维为中心，主要研究人在复杂动态环境下对信息及事件状况的认知和决策。情境意识研究最早出现于航空领域，在逐步发展中已被广泛应用到船舶导航、应急服务和汽车驾驶等领域。目前对情境意识的定义并不统一，从情境意识的过程角度，Endsley认为：情境意识是存在一定的时间和空间内感知环境中的各种要素，理解其意义，并预测这些要素随后的状态[1]。Smith和Hancock从人与情境的交互角度将情境意识定义为：情境意识是人—环境中的不变量，该不变量产生瞬间的知识和行为特性以满足由一个在环境中决定者提出的具体要求。而Bedny 和 Meister则提出："情境意识是个体对环境有意识的动态反应。它为个体提供了对环境的动态反应，不但反映了环境的过去、现在和未来，而且反映了环境的潜在特点。这种动态反映包含逻辑概念、想象、有意识和无意识的成分，使得个体能够形成外部事件的心理模型。"[2]Bedny 和 Meister对情境的定义侧重情境意识的反射，涉及对当前系统理解的心理关系等要素。较为经典的是由Endsley提出的三级模型理论[3]，另外还有Bedny和Meister以心智模型为重心提出的子系统交互模型，Smith和Hancock[1]从人与情境的交

[1]N.A.Stanton, P.R.G. Chambers, Piggot.t. Situational Awareness and Safety [J]. Safety Science, 2001, 39(2): 189-204.

[2]N.A.Stanton,P.R.G. Chambers.Piggott.Situational awareness and safety[J].Safety Science,2001,39:189-204.

[3]Situation Awareness Analysis and Measurement

互角度提出的知觉循环模型等，国内的刘伟等人则针对飞行员情境意识构建了情境意识多级触发模型。

情境意识对于决策有重要意义，由于情境意识实际是对任务情境的认识，因此是决策建立的基础，情境意识有利于帮助用户决定采取的行为。情境意识的形成有赖于环境及交互系统的信息输入。情境意识实际是用户对外部环境信息的心理表征，主要指意识到你周围发生了什么，并且了解这些信息对你现在和将来都意味着什么。情境意识的中心是任务目标，环境中的信息只有和任务目标相关才具有意义，这些信息是辅助用户任务决策的关键。

1. 感知循环理论

U.Neisser在人的信息加工过程的基础上，提出了感知循环理论，简单明确地表示了人利用信息的过程。他认为人的思维方式与其交互的环境是密切相关的，在特定的环境中，已有的知识会直接导致对其总的期望，并依次引导行为选择和解释其中信息；在事物发展过程中，会随着环境不断发生变化，适应新环境下的认知过程，并引导人完成进一步

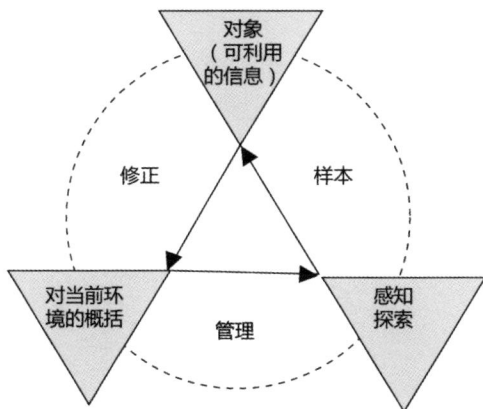

图 3-10　感知循环论

105

的动作。感知循环理论认为情境是环境和人本身特有的，而通过人与环境的交互作用而存在的（图3-11）。感知循环理论认为人对当前环境会产生一定的心理模型，这个模型是不完整的，为了使这个模型变得完整，人需要搜索和理解失去的那部分信息；在探索更多信息的基础上理解和补充心智模型中所丢失的那部分内容；而人的心理模型会不断地更新，继续产生新的缺失，需要不断地补充和修正。

2. 情境意识三层理论

关于人的情境意识特性相关的研究来源于认知心理学的相关研究，其中比较有代表性的是Endsley提出的情境意识三层模型现论。Kndsley从信息加工的角度研究人的情境意识特性，对人的情境意识特性的定义是："在一个时间和空间的范围内，感知和全面地理解环境中某些要素，并预测它们后续的状态变化情况。"这个概念是Endsley提出人的情境意识特性理论模型的基础。Endsley提出关于人的情境意识特性的三层模型理论将人的情境意识过程分为三个阶段:感知（perception）、理解（comprehension）和预测（projection）（见图3-11）。

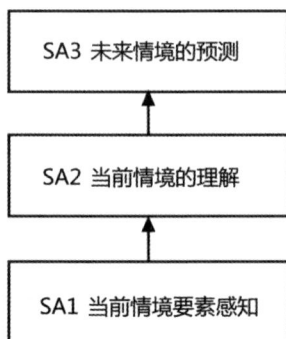

图 3-11　情境意识三级模型

（1）感知阶段，可以感知的信息包括人、系统、环境的状态、属性和变化情况等，主要是通过人的感知器官（视觉、听觉和触觉来完成的）；

（2）理解阶段，建立在感知的基础之上，是对感知到的要素进行整理、识别、解释和评估的过程；

（3）预测阶段，是预测接下来要完成的动作和可能变化的状态，是对属性、状态和变化情况综合判断的结果，也是人的情境感知的最高水平。

在三层感知模型的基础上，Endsley通过对情境意识理论、信息加工过程和情境意识评价的系统研究，提出了人的情境意识的理论描述模型（图3-12）。这个模型表明，人的情境意识是决策和执行阶段的前提，情境意识用来描述主体对环境状态的内部模型。基于这种表示，主体可以决定如何处理和执行一些必要的操作。情境意识过程是决策过程的一个前提，这个过程受到人的感知、注意、分析、短时记忆和长时记忆以及本身的经验和技能等

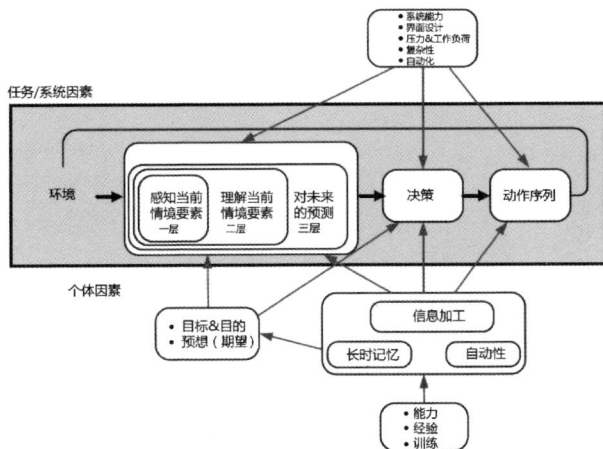

图3-12　情境意识模型

多方面因素的影响。

3. 交互子系统理论

Bedny和Meister是基于行为理论提出的交互子系统理论，子系统理论不是对感知、记忆、思维和行为执行的处理，而是根据任务性质和个体目标来进行处理，其中的关键过程是概念模型、目标和个体的主观性。Bedny和Meister认为，活动是一个受到目标驱动的自我约束过程，包括定向（orientational）、执行（executive）和评估（evaluative）三个层次。定向是人们对现实环境进行的主观建模过程；执行是决策和完成行为的过程；评估是通过反馈对行为进行评价，评价结果的反馈也会影响决策和行为，进而影响定向。Bedny和Meister提出了情境交互子系统模型（图3-13），这个模型主要是建立在功能分析的基础之上，在各个功能模块中已经包含了记忆、思考等有关的心理概念。

图3-13所示的这个模型中，八个功能模块通过前馈或反馈关系相连接，对模型的解释从个人所接收到的信息模块开始，对信息的解释依赖于主体过去的经验（模块7）和概念模型（模块8）。因此，主体要具备一定的知识才能确保对信息做出适当的解释。同时，这个解释也依赖于映射目标（模块2）和动机（模块4）。目标是对活动结果的期望，模块2和模块4的关系为自我约束提供了目标导向的功能，目标越高，主体要完成目标需要付出的智力和体力的劳动就越多。模块4是活动的动机，可以分为感知和动机两个部分，感知是评估的认知——情感部分，与目标的主观意义有关，而动机决定了达到特定活动目标的方向和能量。感知和动机是相互联系的，因素的显著性也影响信息解释方式，这种影响在模型中表现为模块4通过模块5来影响模块6、主观上与任务相关的条件（模块3）对于情境的动态反映是非常重要的，模

块3包括对情境的概念和可操作映射，它们是有重叠的，通过共同作用对现实提供更加动态的反应，模块3会通过模块5和模块4来影响或修正目标（模块2），因此，模块3不仅可以随时调整特定情境中的目标，还可以反射未来情境的状态，这种反射是内部的，在很大程度上是无意识发生的，通过内部映像来完成的。这种动态的反射很可能会产生内部模型的干扰，任务的动态反射也会影响对当前情境的主观判断。这样，对现实的心智建模是由概念模型（模块8）、映射目标（模块2）和主观上与任务相关的条件（模块3）来影响的，这样从活动结构的角度将人的情境意识模型定义为一个复杂的三要素的组成结构。

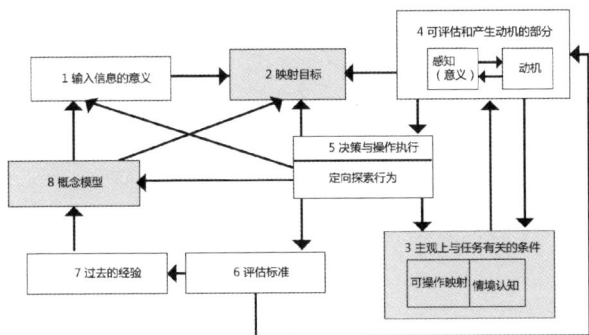

图3-13　交互子系统模型

交互子系统模型对人的情境意识过程进行了比较详细的说明，并且提出在人的情境意识过程中，最关键的组成部分是概念模型（模块8）、映射目标（模块2）和主观上与任务有关的条件（模块3）。在某种程度上，交互子系统模型结合了活动理论的思想，将情境意识定义为在内部逻辑和想象目标作用下，目标驱动的自我约束过程，在行为研究的层面上，比Endsley对情境意识的定义（模块3）更加全面一些。根据交互子系统模型，如果主体主观上对当前情境产生了错误的导向，那么将会影响主体情境意识的整个过程，需要操作者重新评估当前情境。

4.多级触发模型理论

国内的刘伟等人根据对高级飞行员的情境意识，研究中提出飞行员情境意识具有"跳蛙"现象，即从感知刺激直接进入预测规划，这种现象由注意和环境任务的驱动引起，飞行员在任务中进行关键特征搜索而不是整个客体的搜索，在时间及任务的压力下，经验丰富的飞行员常使用基于认知（非评估）的决策策略。在此研究的基础上，刘伟等人提出了情境认知多级触发模型（图3-14）。在模型中，沿用了Endsley的三级模型理论中的感知、理解和预测的概念，不同之处是他们认为这三个阶段是递进触发的关系，当环境中的信息到达一定的质量或数量要求时，感知阶段才会把信息传输到一个信息"过滤器"，只有有效信息达到一定的阈值时才能进入有效的信息综合理解阶段，通过与长时记忆中储存的经验图式和脚本匹配产生"Top-down"和"Bottom-up"两个处理过程。"Top-down"是一种基于联想的处理，而"Bottom-up"是一种基于分析的处理，经过两部分的

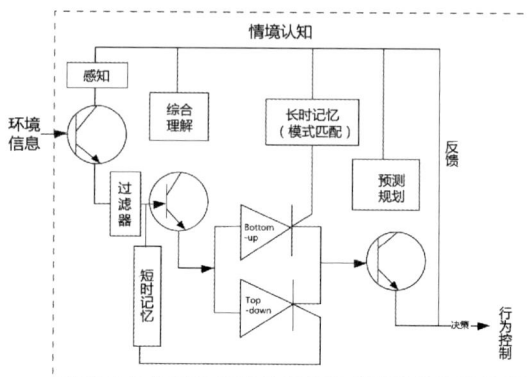

图3-14　情境认知多级触发模型

综合运用，信息达到一定的临界值后，规划预测阶段才会正常运行；最后，情境预测产生的指令一方面会形成反馈对感知、理解和预测阶段进行修正，另一方面会形成决策输出并实现行为的控制。

二、汽车导航情境意识

Matthews[1]提出汽车驾驶中的情境意识要素包括空间意识、特征意识、短暂意识、目标意识和系统意识。空间意识是关于位置空间相关环境信息的认知；特征意识则针对关于行车环境中突出特征的知识；暂时意识指随着时间变化的空间描述；目标意识则指驾驶用户去往目的地的导航意图，包括速度及方向的保持；系统意识指映射行车环境相关特征的车辆信息。Gugerty and Tirre[2]提出了类似的驾车情境意识定义，他们认为驾驶用户保持情境意识必须具备以下知识：保持导航的知识、场景理解的知识（可用的关于行车周围的交通知识）、空间定位知识和关于车辆本身的知识。Ma和Kaber[3]则在两者的基础上建立了汽车导航交互过程中的用户情境意识模型（图3-15），情境意识包括导航知识、环境和交互知识、空间方位知识和车辆知识。通过这些知识的内在加工处理构建驾车中的情境意识，情境意识的形成可以帮助用户在驾驶过程中形成决策和动作执行，而动作的执行表现会反馈到感知中重新进入新一轮的情境意识中。

从驾车及汽车导航使用中的情境意识相关研究可见，导航系统提供的信息对用户在驾驶

[1]Matthews, M.L., Bryant, D.J., Webb, R.D., Harbluk, J.L., 2001. Model for situation awareness and driving. Transportation Research Record 1779, 26-32.

[2]Gugerty, L.J., Tirre, W.C., 2000. Individual difference in situation awareness. In: Endsley, M.R., Garland, D.J (Eds.), Situation Awareness Analysis and Measurement, pp. 249-276.

[3]Ma R Q.Kaber D B. Situation awareness and workload in driving while using adaptive cruise control and a cell phone. International Journal of Industrial Ergonomics, 2005 (35)：939-953.

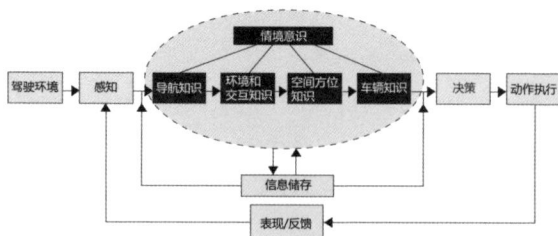

图 3-15　汽车驾驶中的情境意识

过程中形成良好的情境意识有着重要的作用，通过良好的导航交互界面及操作设计可以提升驾车用户的情境意识。

从情境意识的形成过程角度看，用户情境意识的构建是用户对汽车导航信息的感知与内在处理过程，用户通过导航交互界面感知信息，完成对当前情境的感知、理解和未来情境的预测，为决策及执行做准备。Endsley沿着一个信息处理链的角度将情境意识划分为三个层次，即"感知（Perception）、理解（Comprehension）和预测（Projection）"，从感知信息到理解信息再到情境预测，每一层级先于下一级（必要但不充分）。本书结合Endsley的三级模型理论，对汽车导航使用过程中的情境意识进行分析。

1. 情境信息感知

情境意识始于信息的感知层（SA1），情境信息感知是对原始数据的信息收集。在用户与汽车导航的交互过程中，视觉是用户获得信息的重要通道，用户通过视觉界面获得目的地位置、转向提示等重要信息。从信息加工的角度讲，用户感知视觉信息的方式分为目标驱动和信息驱动两种，目标驱动是一种自上而下的感知模式，任务目标是用户构建情境意识的中心，用户为完成目标有意识地搜寻目标相关信息，如用户为确定到达时间，观察汽车导航行程的时间信息。信息驱动是自下而上的模式，由信息刺激而激活新的任务和目标，如汽车导航提示前方500米左转，引发用户转向驾驶任务。两种感知模式在汽车导航的交互过程中会交替存在，而两种模式的合理交替有利于用户形成高水平的情境意识。

在汽车导航的界面设计中，通过合理的信息组织、可视化、语音化设计可以提高用户感知信息的效率，为情境意识的形成提供基础。自上而下的感知模式要求为用户提供与任务密切相关的信息，如用户任务目标是寻找加油站，则主要提供加油站地址和油耗等信息。而自下而上的感知模式首先要求汽车导航在必要时提供关键信息，如转向提示。其次，汽车导航界面的信息应规避显示过多内容，以免造成视听觉分心。

2. 情境信息理解

情境意识的理解层（SA2）是用户对感知信息进行的内在加工处理，目的是理解信息的意义，形成对当前情境的认识和评估。从问题解决的角度看，对信息的理解是认知过程中对信息的整合，是形成问题空间的关键步骤，通过这一层，用户会对任务情境信息进行表征，理解情境中各种信息的含义，包括当前任务状态以及与目标状态之间的差异等。在这一层中，当前任务情境下的信息已经被联系到任务及任务目标包含的特定含义上。从驾驶角度讲，汽车导航界面为用户提供与驾驶密切相关的环境及其变化（如堵车）信息，帮助用户认识和评估驾驶环境；从寻路的角度讲，用户在汽车导航指引下对地理空间知识的学习和认知过程，用户通过导航界面获得位置和路线等信息，进而构建驾驶任务所需的空间心理模型（mental model）。情境意识中对信息的理解往往建立在记忆与经验知识基础上，需要短时记忆和长时记忆的共同作用，对感知到的信息进行一定的加工处理，又需要利用长时记忆中的经验知识对这些信息进行匹配，从而达到对这些信息的补充和解释，通过与记忆中情境的匹配快速理解当前情境状态，因此，汽车导航驾驶中情境意识也与用户的驾驶经验和地理空间知识相关。减少用户对情境信息理解的难度是提高情境意识水平的有效途径，汽车导航的交互界面不仅需要为用户提供形成情境意识的信息，也要通过信息的组织和可视化方式提高用户理解信息的效率，减少用户与导航界面的交互次数和认知负担。

3. 驾驶情境预测

对未来情境的预测是情境意识的最高层（SA3），情境预测通过预测环境信息的变化及未来状态帮助用户决策，情境预测精度以情境意识前两个层次的精度为基础，也与用户的经验和能力相关。在汽车导航驾驶任务中，情境预测包括用户的行程计划，如走哪条路线，也包括驾驶环境和驾驶状态的预测，如转向驾驶和行程时间等。目前汽车导航的设备中对未来情境信息的描述较少，所选路线往往与用户实际心理预测的驾驶情境相差较大，如用户选择最短路线，实际路线虽然最短却更加复杂，增加了驾驶负担。在汽车导航的界面设计中，通过可视化手段对未来情境进行描述可以帮助用户正确预测未来驾驶情境，合理安排驾驶的行程规划。

第三层的情境预测其实是对任务情境的趋势，与第二层紧密结合，用户会理解任务情境中的信息意味着什么，即对目标和任务会产生怎么样的影响，会导致任务产生怎样的变化。从这一步骤的特点看，预测是对情境信息及其含义的进一步加工，这种加工类似于产生式规则中的"如果……就……"的处理形式。例如，如果前方出现交通事故，就会出现堵车现象，而行程就会被耽搁，如果选择这条路，就会减少里程和油耗，选另一条路就会增加高速费用等。情境预测同情境理解一样，是一个需要较多消耗认知资源的过程，需要大量的智力工作，尤其是当任务情境复杂，处理的信息量大时。情境预测与用户的经验知识也有很大的关系，需要长时记忆中陈述性知识和程序性知识的大量参与。一般而言，当经验知识足够丰富且正确性高的时候，用户形成的预测正确和准确率也将越高。但是多任务情境下，情境预测也受到多种因素的影响，如信息理解阶段的信息可靠性、任务时间的限制等，用户界面是否合理也会影响情境预测的绩效。

三、汽车导航用户心理模型

在复杂的系统中，用户的心理模型是形成高水平的情境意识的关键。Norman[1]认为心理模型是人们关于存在的世界的知识，包括自我、他人、环境以及与之交互的实体。Carroll[2]认为心理模型是一个丰富且复杂的结构，可以反映用户对于系统功能、如何运行以及为何运行的理解。Durso和Gronlund[3]则从更严谨的角度将心理模型定义为：行为和环境中影响系统功能的一种典型关联性的呈现；Durso、Rawson和Girotto[4]从情境的角度将心理模型定义为一种存在于长时记忆中的反映情境的知识结构，在Durso等人的观点中，心理模型实际

[1]Norman, The Psyehology of everyday things, Basie Books, New York, 1988.

[2]Carroll, J. M., & Olson, J.R.Mental models in human-computer interaction: Research issues about what the user of software knows. Committee on HumanFactors, Commission on Behavioral and Social Sciences and Education, National Research Council. Washington, DC: National Academy Press.

[3]Durso, F. T., & Gronlund, S.D.Situation awareness. In F. T. Durso, R. Nickerson, R. Schvaneveldt, S. Dumais, S. Lindsay, & M. Chi (Eds.), Handbook of applied cognition (pp. 284-314). New York, USA: John Wiley & Sons,

[4]Durso, F. T., Rawson, K. A., & Girotto, S. Comprehension and situation awareness. In F. T. Durso, R. S. Nickerson, S. T. Dumais, S. Lewandowsky, & T. J.Perfect (Eds.), Handbook of applied cognition (2nd ed., pp. 163-193). Chichester, UK: John Wiley & Sons, Ltd

是由环境中的刺激信息产生的自上而下的一种知识结构，根据信息的输入，一个心理模型可能反映多种情境，而不正确的心理模型则有可能导致对环境信息认识的丢失。如产生不正确的环境认知则需要通过经验知识对心理模型进行补充和修正。Robertson在《问题解决心理学》中提道："心理模型是以形象为基础的表征。这类表征是关于某物如何工作以及如何想象某种情境[1]。"马晓丽认为心理模型是推理活动的认知基础和心理基础。心理模型在创建中对心理表征进行了描述，这些心理表征和所描述的事件结构具有直接且对应的结构，人借助模型进行的推理是创建心理模型后对符合模型的条件进行筛选并检验的过程[2]。

Neisser认为心理模型包含人们认识世界的经验知识，在情境意识中，心理模型将直接导致对某种类型信息的期望，这种期望引导行为挑选某种信息并提供解释信息的准备方式。而Bedny和Meister则提出："情境意识是个体对环境有意识的动态反应。它为个体提供了对环境的动态反应，不但反映了环境的过去、现在和未来，而且反映了环境的潜在特点。这种动态反映包含逻辑概念、想象、有意识和无意识的成分，使得个体能够形成外部事件的心理模型。"[3]可见心理模型通过经验知识可以帮助完成情境意识的三个层次，而新信息通过情境意识三个层次的加工也可以补充心智模型以反映现实环境（图3-16）。

交互式信息系统的结构、所提供信息的数量及复杂性使得人机交互任务的完成呈现不同的难易度，系统如何呈现信息及信息之间的关系和结构直接影响用户的认知和决策，提高用户在导航人机交互任务及驾驶任务中的情境意

[1]Robertson. 问题解决心理学 [M]. 中国轻工业出版社，296.

[2] 马晓丽. 刻意曲解的图式与心理模型建构解析 [N]. 山东理工大学学报，30 (6)，102–105.

[3]N.A.Stanton，P.R.G. Chambers，Piggott.Situational awareness and safety[J].Safety Science，2001，39:189–204.

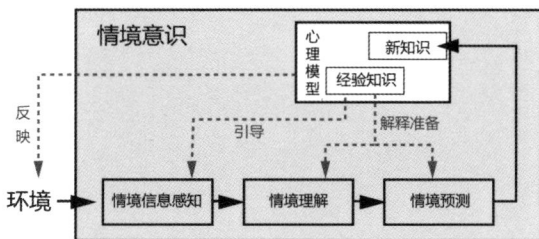

图 3-16 情境意识心理模型

识可以有效地辅助用户的认知和决策，心理模型是形成良好情境意识的重要因素，因此在汽车导航的交互设计中，有必要了解用户情境意识的心理模型特征。

从认知心理学的角度看，情境意识的内容可以分为陈述性知识，主要描述的是对象的属性等结构性知识，而对于如何执行行为等则是程序性知识，描述的是行为的过程，而陈述性知识和程序性知识的运用依赖于产生式规则，产生式规则依赖于"如果……就"的规则，Michon[1]利用这种产生式规则分析车内驾驶行为特征，产生式规则可以通过这种因果关系来分析不同情境对驾驶行为的影响，Michon 认为不同驾驶行为由变化的行车情境引发。而这种情境触发也依赖存在于用户记忆中的情境模型，即关于过去情境的记忆，通过这种匹配从而识别情境并触发相应的行为。Michon 的理论可以看出存在于用户长时记忆中关于过去情境的心理模型对用户的驾驶行为起着关键的作用。在对情境心理模型的研究中，Eui-Chul Jung认为心理模型是用户对外部事件的心理构建，情境中的心理模型可以分为结构模型（structural model）、时序模型（procedural model）和因果模型（cause-effect

[1]John A. Michon .A CRITICAL VIEW OF DRIVER BEHAVIOR MODELS: WHAT DO WE KNOW, WHAT SHOULD WE DO? Human behavior and traffic safety.(pp. 485-520). New York: Plenum Press ,1985.

model）三种[1]。Eui-Chul Jung的结论与本书对路线规划领域任务的研究一致（详见第二章第二节），结构模型包含的内容属于陈述性知识，与路线规划任务知识模型中的关系和说明部分的内容相关；时序模型包含程序性知识，对应了路线规划任务知识模型中的程序部分内容。关系与说明部分是路线规划的基础知识，而程序部分则是路线规划任务的结果，是由任务情境认知及决策产生的，受到来自不同方面的影响要素而使任务知识基础与结果两部分匹配和连接的关系（即产生式的因果联系）。

在汽车导航的人机交互过程中，用户任务心理模型中的结构模型是对认知对象的结构性认知，对于路线规划而言主要应用在空间及交通状态的认知上，是对空间关系的理解，如目的地在哪个位置或方向等，对交通状态的理解，如哪里堵车或行驶缓慢等；时序模型以时间先后顺序为基础，是用户完成任务的行驶计划，如依次要行驶过哪几段路等。因果模型是用户对行为和认知对象基于因果关系的思考，因果模型对用户的理解和预测情境起到重要作用，通过模拟因果关系，用户可对问题的多个拟解决方案权衡并选出最佳方案，完成驾驶决策。在汽车导航驾驶情境意识的构建过程中，每种模式的心理模型并不单独存在且相互关联，以选路为例，用户首先通过结构模型理解地图的空间特点，其次通过时序模型进行行程计划（如路线规划），再次通过因果模型权衡各路线利弊并挑选最优路线。在这过程中，结构模型是基础，而因果模型中的要素来自结构和时序模型并对两个模型产生影响，如通过路线比较并更换新路线（图3-17）。

基于情境意识心理模型的汽车导航界面设计策略可分三种：结构模型对用户的空间认知

[1] 刘双, 完颜笑如, 庄达民, 等. 基于注意资源分配的情境意识模[J]. 北京航空航天大学学报,2014,10(8):1066-1071

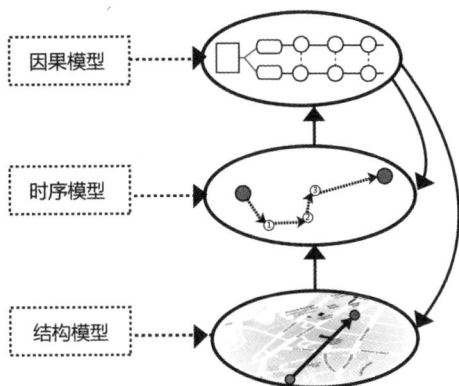

图 3-17　选路情境中的心理模型应用

较重要，映射现实地理空间拓扑关系的同时，符合用户认知空间结构的心理特点，可以增加用户空间认知效率，如利用用户熟知的地标物辅助用户理解空间关系；时序模型与用户路线及保持路线的行为计划密切相关，导航信息中包含序列语义的图形及文字可以表现时间和次序的特点，便于用户进行行为计划或驾驶任务的情境预测；因果模型对用户进行决策有重要意义，如界面中合理展示情境中的变量及对驾驶任务造成的影响可以缩短用户推理过程进而减少认知负担。

第六节　案例分析

根据本章对汽车导航人机交互过程中的情境意识与情境意识心理模型特征的分析，对实际中的情境进行了分析。任务情境为在移动出行过程中遇到堵车的状况，汽车导航系统为用户提供了堵车的提示信息，并提供了可备选的路线选项，用户的任务目标是认知和评估堵车问题，并以此形成下一步的目标和任务计划，在制定躲避堵车路段的决策后，用户需要为避免堵车造成的移动任务负面影响对可选路线进行认知和评估，通过对可选路线的理解和评估制定选路的决策。在堵车情境中，用户的认知决策过程、情境意识的层级特点和心理模型之间的关系图见图3-18。

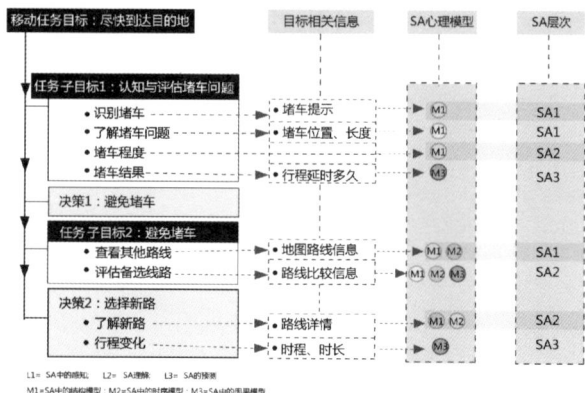

图 3-18　堵车情境 SA 分析表

由图3-18可见，用户任务的认知决策过程与情境意识及心理模型有着密切的联系。例如在查看堵车提示的时候与用户心理模型的结构模型相关，用户需要利用结构模型了解堵车的空间位置特征，这一部分对应情境意识的感知层。通过对位置、长度和程度的理解来评定对移动任务的影响，这里对应用户心理模型的因果模型和情境意识的预测层，是一种以决策为意图的推理过程。除了对应关系，心理模型和情境意识的层次并非完全一对一的关系，在有些步骤，可能需要多种心理模型共同完成。

小结

　　根据第二章的结论可知，汽车导航下的路线规划任务是基于认知与决策的策略型任务，受到驾驶任务及活动属性相关的多种因素的影响。结合路线规划的任务属性及车内交互的特殊性，本章主要分析了汽车导航人机交互任务过程中的任务认知与决策特征。

　　1. 研究指出受到多种因素的影响，驾车出行用户路线规划任务情境具有多样化特征，而在选路过程中用户的选路决策机制也具有一定特殊性。汽车导航的使用改变了用户原本的认知和决策机制，对导航系统信息的认知代替了传统的用户对环境的认知和决策过程，成为驾车用户路线规划任务中的重要任务。

　　2. 汽车驾驶任务与导航人机交互任务造成的多任务状态要求驾车用户拥有较高的情境意识才能保证驾驶的安全和有效性，本章分析了驾车情境意识的构成要素和形成机制，研究认为汽车导航系统提供的信息是形成驾驶情境意识的关键要素，结合情境意识三级模型理论，研究分别对汽车导航情境意识的感知、理解和预测三个层次的内容进行了分析，梳理了汽车导航人机交互过中的情境意识特征。

　　3. 根据情境意识的形成机制及内容分析，研究认为心理模型是用户在汽车导航人机交互任务中形成情境意识的关键，可以使导航用户有效感知和理解导航信息。结合第2章中的路线规划领域任务属性分析结论，研究提出汽车导航人机交互任务中的情境意识心理模型分为结构模型、时序模型和因果模型三种，并归纳了三种模型的内容及对情境意识的不同作用。

04

第四章

汽车导航信息服务与交互中的任务资源

第一节　概述

　　早期人机交互是通过语言命令来完成的，通过语言的输入和输出来完成人对计算机的控制，从而实现系统功能，并完成相应任务。随着计算机交互相关的认知心理学、美学和行为学相关研究的展开，图形用户界面出现。图形用户界面具有隐喻性、WIMP技术、直接操作等特点，使人机交互过程更加直观，不需要进行复杂的学习过程，使得普通用户也可以操作计算机，计算机技术的应用因此也得到普及。随着人机交互相关研究的不断发展，互联网及普适计算技术的不断提高，如语音交互、体感交互、视线追踪等交互模式的加入，使得人机交互正在向更多通道和更加自然的交互模式方向发展。随着汽车及导航系统的智能化发展，多通道交互模式（Multimodal Interaction）逐渐在车内尤其是导航使用过程中变得普及化，成为目前汽车导航的主要交互模式。多通道交互模式虽然有利于缓解车内多任务造成的效率和安全问题，但仍然无法完全避免与驾驶任务的冲突。另外，汽车导航多通道交互特征易受到用户交互意图、导航信息内容、环境和技术等因素的影响。汽车导航人机交互设计需要基于其多通道交互模式特征以及相关因素特征。本章研究的主要问题是汽车导航多通道交互模式的特征；任务通道设计相关要素分析；借助资源理论讨论汽车导航多通道人机交互任务与驾驶任务之间的资源冲突特征。研究方法包括文献研究、深度访谈和案例分析。

　　与本章内容相关的主要概念和术语：

1. 多资源理论

　　资源有限理论认为人的资源是有限的，在认知过程中，只能同时对有限的信息进行加工，在同时进行多任务的过程中，存在对资源进行分配的问题，资源分配过程遵循的是此多彼少而总量不变的原则。若任务过程中需要消耗的资源总量超过人的资源量，就会出现资源分配不足的问题，影响任务的完成。Wickens[1]在 Kantowits 和Knight 等人提出的"多重加工资源"概念基础上提出了多资源理论，该理论将人的认知加工资源假设为一个立方体结构，其中包括知觉通道、编码和阶段三个维度（图4-1）。知觉通道分为视觉和听觉两个水平，阶段则包括感觉、知觉和反应三个水平，编码维度包括空间编码和语言编码两个水平。从视觉通道对信息的注意角度将其分为焦点的和外围的，由此形成第四个维度。当两个任务在一个或者更多维度上有共同的需求水平时，时间的共享性就会变差，绩效也会下降。如当执行主驾驶任务时，扫视导航系统的界面观察信息就会造成导航交互任务与主驾驶任务之间的任务资源冲突。

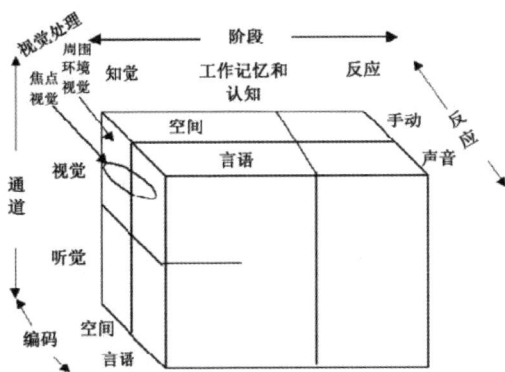

图4-1 多资源理论模型

2. 注意力

注意（attention）是和意识紧密相关的概念，指人的心理活动对一定对象的指向与

[1] Wickens C D. Processing resources and attention Damos D. Multiple task performance. London：Taylor and Francis, 1991.

集中。注意是人认知功能中的重要组成部分，是一种主动的、有意识的、受控的神经活动。对注意的研究始于人们处理的信息量的增加，大量信息进入感觉系统，而人处理信息的能力却存在局限性，某些信息因无法同时进入加工处理过程而流失。认知心理学认为注意是个体内部的重要心理机制，在进一步加工信息的过程中，注意则发挥着重要的作用。人需要利用注意对外部环境中的刺激信息进行选择、控制和调节，以便有效地进行加工和处理这些信息。选择是指在信息被进行深入加工处理之前，能将与任务直接或间接相关的信息（即有意义的信息）从背景中识别出来，控制则是指当注意选择出有意义信息之后为实现对该信息的加工处理而对注意进行控制和保持直至加工处理过程完成。

注意具有三个基本的特点：连续性、选择性和转移性。注意的种类可以分为选择注意、聚焦注意、分割注意和持续注意。选择注意是用户有意识地过滤不相干信息、专注需要的信息；聚焦注意是将精力集中在一个事物和过程中；持续注意则是指长时间、持续的探测或警觉；分割注意指分别注意两个以上的事或物。首先汽车导航驾驶情境下，用户的驾驶任务本身就是一个需要聚焦和持续注意的任务类型，其他注意类型也都存在，如在技术型驾驶任务中，对外部环境信息的注意就属于持续性注意，在与导航的交互任务中，用户需要应用选择注意在视觉界面中选择需要的信息，如识别当前位置图标等。在检测环境和查看导航信息多任务并行的情况下，用户需要注意多个对象，注意的类型就是分割注意，需要用户持续分配注意给各个任务。注意和注意力在概念上并没有很大的区分，注意力一词的出现是源于对注意机能构成要素的研究，在这些研究中，注意逐渐被看成一个实体并具有能力，而注意力则代表某种意义。

汽车导航交互行为具有多任务特点，除了导航系统本身的交互任务，还涉及驾驶任务和驾驶情境意识等复杂性问题。用户需要持续分配注意力资源（attention resource）。另外，汽车导航驾驶任务具有高复杂性、长认知时间和高情境意识，存在明显的资源竞争现象，且与驾驶安全密切相关。李丽[1]对车载导航使用造成的认知负荷影响进行了研究，通过模拟实验对驾驶任务完成的表现进行了数据的收集、整理和分析，研究表明车载导航系统的使用在一定程度上增加了驾驶用户的认知负荷。Richard[2]在研究结论中指出：多任务条件下，驾驶用户的信息反应时间会有所减慢，但与驾驶任务有关的信息变化反应要显著快于无关信息的反应时间，因此在注意资源有限的情况下，驾驶员对交通信息的视觉搜索任务是存在一定策略性的，注意资源会被优先分配到与驾驶任务相关的情境特征信息上。驾驶用户车内注意力需求主要包括环境信息，汽车相关的包括主动的感知，如发动机声音等即时信息，还包括汽车系统发出的警示信息等被动感知，另外还包括与用户自身相关与驾驶任务无关的生活信息等，见图4-2。

3. 认知负担

认知负担（cognitive load）相关理论早在20世纪80年代由Sweller等人提出，其相关研究主要是从认知资源分配角度来对人的学习及问题解决相关行为进行研究和分析。认知负荷是指针对一定认知任务，工作记忆系统对其进行加工和维持信息过程中所承受的负荷总量[3]。认知负担可以理解为在任务中，用户对工作记忆中的需求空间，或者说为了完成给定的任务所需的智力资

[1] 李丽，袁玫.使用车载导航系统下驾驶员脑力负荷影响因素分析[J].安全与环境学报，2011，11（6），202-204.

[2] Richard. C.M., Wright, R.D., Ee, C., Prime, S.L. Shimizu, Y., & Vavrik, J. (2002). Effect of concurrent auditory task on visual search performance in a driving-related image-flicker task [J]. Human Factors: The Journal of the Human Factors and Ergonomics Society, 44 (1)：108-119.

[3] 叶晓林.认知负荷对驾驶员视觉注意影响的眼动研究 [D].天津师范大学，2013.

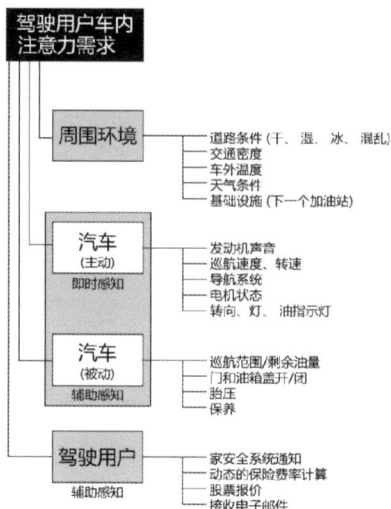

图4-2　车内任务与注意力需求 [1]

源，更具体地说，认知负担是在完成一项任务时所需的陈述性和程序性记忆量值上的估计，在汽车驾驶过程中，是用户在驾驶中所需的注意力、记忆以及决策制定的认知资源，而复杂的交通状况和不熟悉路线需要更多认知资源[2]。认知负担对于汽车驾驶任务具有重要的作用，即使很小的分心或认知资源的转移都会对驾驶的安全性造成不利影响。Hoedemaeker从更具体的角度提出，在汽车驾驶过程中，导致驾驶用户认知负担增加的要素可以分为三类，分别是时间压力、信息加工水平和任务的转换，并提出应在车内提供良好的交互界面，通过为用户提供信息及服务避免用户的认知负担增加。

[1]Andreas Riener.Sensor-Actuator Supported Implicit Interactionin Driver Assistance Systems[M].Wiesbaden : Vieweg Teubner, 2010 : pp 71-82.

[2]Ing-Marie Jonsson and Fang Chen. In-vehicle information system used in complex and low traffic situations：Impact on driving performance and attitude. In HCI (6), 421-430

4. 通道

通道（modality）一词最早源于心理学，是指人的信息输入与输出的感知通道。视觉、听觉、触觉、味觉、嗅觉、运动觉诸感觉器统称为信息输入的感觉通道；手、足、口、头、身体等运动器相应地统称为信息输出的效应通道。

5. 多通道交互

多通道交互（Multimodal Interaction）是一种使用多种通道与计算机通信的人机交互方式。多通道交互模式下，用户通过多个感觉器和运动器进行交互，用所谓并行和非精确方式就可以完成交互任务。多通道交互的优势首先是拓宽了交互信息带，有利于解决交互的资源和通道竞争问题；其次提高了人车交互自然性，体现了以人为中心的交互思想。

第二节　汽车导航交互中的任务通道分析

本节主要研究内容是汽车导航人机交互中各通道特点，研究方式包括文献研究、案例研究和用户研究。在案例研究中，案例分析的对象选取了主要的汽车品牌（宝马、奥迪、奔驰、特斯拉和大众等）、导航仪品牌（TomTom、Garmin和先锋等）以及智能手机端的导航APP（凯立德、高德和百度等）。用户研究中主要选取20名汽车导航使用者，包括6名女性和14名男性，驾龄在2~10年，分别分布于一线城市到三线城市（包括北京、上海、广州、长沙、临沂），调研主要采取问卷调查的方式，针对汽车导航各通道的交互问题进行了统计分析。本节通过以上三种研究方式结合本书内容对汽车导航各交互通道特点进行了探讨。

一、视觉

汽车导航人机交互中的视觉界面为用户提供了支持用户路线规划任务所需的重要信息，图4-3为Garmin的视觉界面布局与层次分析，导航视觉界面由地图、导航指示和一些控制菜单、按钮等组成。地图映射了现实的地理空间结构特征，其信息及形式设计关系导航用户对空间位置的理解。汽车导航中的地图可视化与其他设备及平台在信息数量和层次上有明显的区别，图4-4为电脑桌面系统的地图可视化与汽车导航地图可视化的比较，由图4-4可见，汽车导航中的地图信息数量明显少于桌面系统，且其信息主要围绕当前位置、目的地、中间路线显示。从地图要素特点看，汽车导航地图以表现拓扑关系的几何图形层以及附加在空间位置上的信息为主，包括道路和地标名称、路线、车标、终点图标以及附加在路线上的兴趣点图标等要素。

除了导航过程中的界面，面向路线及系统设置等任

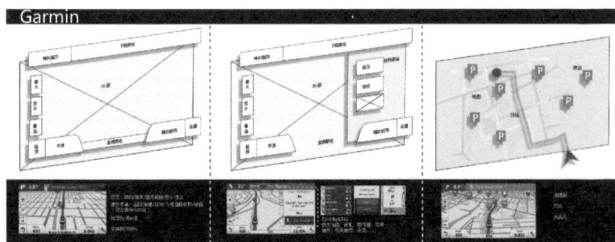

图4-3 汽车导航视觉界面布局分析

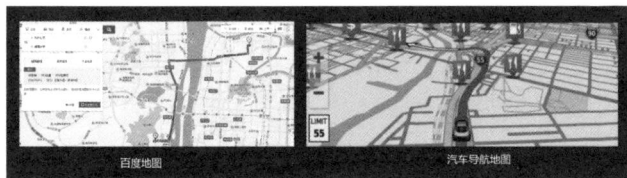

图4-4 汽车导航地图与桌面地图分析

务，汽车导航系统还有二、三或四级页面，图4-5为手机端高德导航系统的页面分析图，以用户的具体交互任务为分析线索，不同的交互任务需要跳转至不同的页面进行。

图4-5　基于任务的手机端导航页面层级分析图

视觉是人感知信息的重要通道，在驾驶任务及车内交互中，视觉通道也起到关键的作用。对于驾驶任务，尤其是技术型任务中，驾驶用户需主要依靠视觉检测行驶环境中的各种信息，除了驾驶主任务对视觉的使用，在绝大多数情况下有30%～50%的视觉注意力可用于驾驶作业以外的其他任务[1]。由此看，受到驾驶任务的影响，用户导航交互任务中的视觉资源使用受到明显的限制，英国交通研究机构TRL发布的关于车内信息显示的设计导则中提到，车内信息的视觉显示应减少用户的识别时间，保证驾驶视线不长时间偏移，信息应在短暂的浏览过程中被准确理解。对导航或其他非驾驶任务的视觉观察形成了驾驶任务的视觉偏移，偏移的时间越长，安全性就越低。French[2]和Labiale[3]在针对汽车信息系统安全的研究中，将驾驶任务中的视觉偏移时间与驾驶安全的相关性做了研究（图4-6），结论认为驾驶用户扫视汽车信息系统界面的平均时间是1.28秒，另外French也提出扫视时间超过2.0秒将造成安全隐

[1] 熊哲宏.认知科学导论[M].武汉:华中师范大学出版社,2002.

[2]R.L. French. In-vehicle navigation-status and safety impacts. In Technical Papers from ITE's 1990, 1989, and 1988 Conference. Institute of Transportation Engineers, Washington, DC, 1990. 226-235.

[3]G.Labiale.Influence of in-car navigation map displays on driver performances. SAE Technical Paper Series 891683, Society of Automotive Engineers, Warrendale, PA, 1989.

患，而保持在1秒以下则相对安全。其他一些研究也指出一般情况下，92.3%的扫视时间不会超过2秒。从驾驶用户的视觉感知特征可以看出，用户利用视觉对导航信息进行感知的时间是有限的。

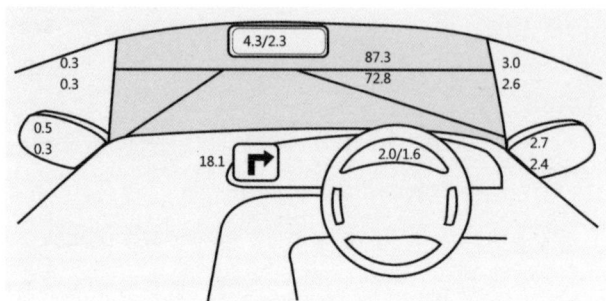

图4-6　使用导航系统后的视觉注意时间分配 [1]

Alistair G. Sutcliffe等在对多通道交互的研究中提出，视觉通道有利于展示空间信息[2]，在汽车导航的交互中，视觉信息可以帮助用户建立地理空间认知。视觉信息相对声音更加具象，但视觉信息的传递需要用户视觉偏离驾驶道路，易造成驾驶安全隐患，虽然视觉信息影响驾驶行为，但是对于一些特殊路段，视觉信息仍能起到良好的认知作用，如地标物的标识、进入复杂路段时的图形说明，特别是3D视图对用户理解信息起到了正面作用。在本书调研中，一些用户也倾向于在特殊路段导航时使用视觉信息来辅助。

用户利用视觉通道进行信息感知的过程中易受到多种因素的影响，包括信息数量、内容、形式、信息显示位置和环境光线等因素。对于目前的导航界面，信息的形式多样化，不仅包括静态信息，也包含动画等内容。交互任务中视觉感知对象包括视觉界面的

[1]GE. Burnett. Usable Vehicle Navigation Systems：Are We There Yet.Electronic Systems Conference 2000.

[2]Kenneth Majlund Bach.You Can Touch，but You Can't Look：Interacting with In-Vehicle Systems[J].CHI 2008 Proceedings.Tangibles：Input & Output，2008，10：1139-1148.

文字、符号、图形、颜色、图标、大小、亮度等，而这些内容形成的视觉感知次序影响用户感知效用和关系用户是否以最快速度识别重要信息。影响视觉感知效率的因素除信息内容本身外，还包括信息显示的位置，这一点与用户调整视觉观察的行为动作相关，如导航信息界面在汽车中控部分，用户欲扫视导航信息时就需要转动头部和调整视线。随着车内显示技术的发展，电子显示屏在车内的应用越来越广泛，为汽车导航信息显示提供了更多的支持。目前，汽车导航系统视觉界面的位置已经不再局限于中控台，仪表盘、挡风玻璃、后视镜等都成为导航信息显示位置，例如宝马i8导航信息除了显示在中控位置，还同时显示在仪表盘和挡风玻璃上，用户可以更快速地查看导航信息（图4-7）。另外，也出现了分屏显示技术，即同一屏幕驾驶员和副驾驶上的乘客从不同的角度可以看见不同的画面，目前采用这项技术的有奔驰（图4-8）、路虎等高端车。

图 4-7　宝马i8导航视觉界面分析

图 4-8　奔驰导航分屏显示技术

　　车内导航多屏显示的趋势也为汽车导航交互设计提出了新的挑战。首先，是在哪些位置显示哪些内容的信息，多屏显示使导航信息的布局不再集中于一个屏幕中，需要合理分配内容和位置的关系；其次，导航信息显示的加入使仪表盘等位置的信息内容发生变化，信息架构需要做出相应的调整，尤其需要考虑信息与主驾驶任务信息的视觉关系；不同的界面不仅对信息的数量有要求，信息的颜色、大小等形式也需要匹配界面的特征，例如前挡风玻璃上抬头显示信息的颜色需要与现实环境中的色彩相区别。图4-9为日本先锋抬头显示导航仪，通过安装在前挡风玻璃上方的透明玻璃显示屏将用户的视线保持在前方道路中，而在颜色的选取上，导航信息采用以明亮的绿色和橙色等颜色为主，较好地与现实环境中的图形与颜色区分开。

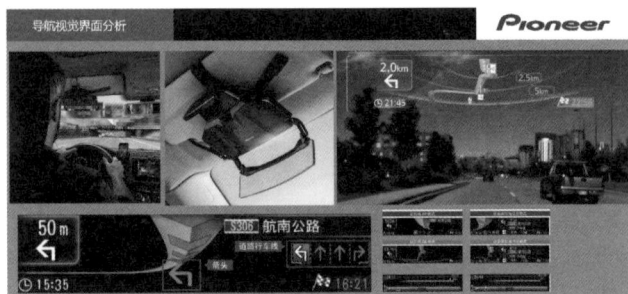

图4-9　先锋导航视觉界面分析

　　可见在特斯拉中（图4-10），导航信息同时显示在中控和仪表盘上。在仪表盘的显示中，导航信息可显示在左侧，可自动切换重要导航信息，仪表盘界面的主要内容依然是驾驶仪表信息。而超大的中控台则可以显示导航任务相关的详尽信息，还可以和其他功能分享界面布局。图4-11为奥迪Q7的导航视觉界面分析图，奥迪Q7搭载新一代带触控板的MMI导航系统，为了防止视线过多离开道路，用户可通过7英

图 4-10 特斯拉导航视觉界面分析

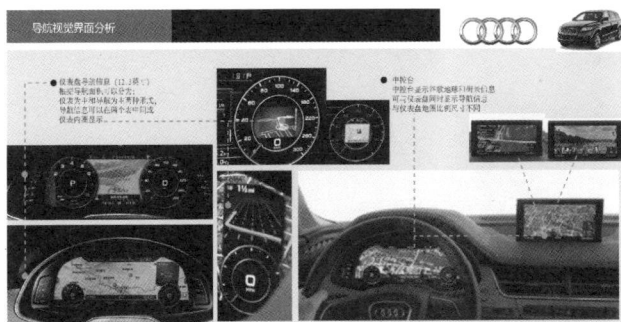

图 4-11 奥迪 MMI 导航视觉界面分析

寸驾驶员信息系统显示屏和12.3英寸数字仪表屏幕查看辅助导航信息。导航信息进入仪表盘后，导航信息在仪表盘和两个仪表之间可以设置比例，仪表中的导航信息内容不仅包括复杂的地图，也有转向指示和航线车道等信息。另外在信息形式上，奥迪将谷歌地图和谷歌街景等功能引入导航中，使导航的信息形式更加多样化。

二、触觉

"触觉是与物理移动身体的能力相联系的，触觉和运动一起构成了触觉系统。[1]"触觉主要依靠皮肤感知，包括三个主要的感觉系

[1]StevenHeim，李学庆．和谐界面——交互设计基础 [M]．北京：电子工业出版社，2008．

统：压力感、痛觉和温度的变化。日常生活中，推、拉和举等动作都是由触觉系统来完成的。在传统的人机交互过程中，触觉也是重要的用户输入通道，如敲击键盘和点击设备等。触觉交互较为直观，多用于交互输入，计算机的输出以视觉、听觉为主，触觉反馈少。移动设备特别是智能手机等，触觉反馈也得到一定的应用。

目前，车内对触觉通道的应用以触觉的控制为主，包括触屏和物理按键。随着相关技术的发展，触感的信息表达方式也开始受到重视，Andreas Riener提出了基于汽车座椅震动交互方式的可行性（图4-12）。表4-1则是Erp[1]对车内交互中触感设计的优劣分析。一些研究也将振动等元素加入汽车导航的信息传达过程中，如Jan和Hendrik[2]就提出通过振动触感的方式来减少用户在导航交互任务中的认知负担和驾驶分心。

从输入的角度看，触觉的输入主要包括触屏及物理按键。随着触屏技术的发展，触屏逐渐成为车内及导航交互过程重要的操作方式，其交互比较直观。物理按键在车内的空间利用率低，但物理按键的优势在于位置固定和明显的触觉反馈，更加有利于盲操，有利于解放视觉资源，例如Tobias Schwarz[3]就提出一种基于旋转按钮的导航交互原型（图4-13），将旋转、点击和扭转等多种操作方式集成在一个物理操作装置——分布式旋钮中，通过这种方式减少用户在交互操作中对视觉资源的占用，使用户集中注意力在有用的信息上。Kenneth Majlund Bach等人在研究中提出物理按键和体感的组合可能会为未来车内交互问

[1]Jan B. F. van Erp. Tactile displays for navigation and orientation: perception and behaviour.PhD thesis, Utrecht University, The Netherlands and TNO Human Factors, The Netherlands, June 2007.

[2]Jan B.F. Van Erp *, Hendrik A.H.C. Van Veen, Vibrotactile in-vehicle navigation system, Transportation Research Part F 7 (2004) 247-256.

[3]Tobias Schwarz, Simon Butscher, Jens Mueller, Harald Reiterer.Content-aware navigation for large displaysin context of traffic control rooms. AVI '12, May, 2012, 21-25.

题提供更好的解决方案[1]。

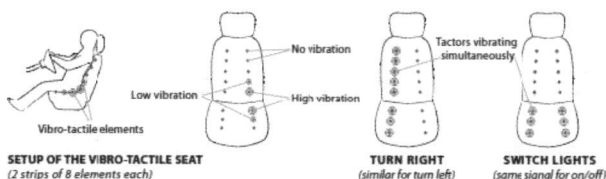

图4-12　汽车座椅震动触感设计[2]

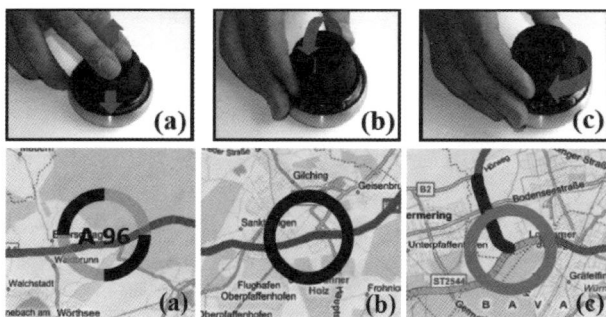

图4-13　4Tobias Schwarz（2012）

　　相对于触觉的感知方式，触觉的输入方式随着相应技术的发展呈现出与传统物理按键明显的不同。近年来，宝马、奥迪和奔驰等车内操作系统都引入了分布式旋钮和触摸板等装置，图4-14为宝马iDrive系统和奥迪MMI系统导航使用的操控板。分布式旋钮可以作为车载信息系统的集成控制输入工具，有效减少了实体按键面临的空间问题，而其操作方式在一定程度上可以简化交互任务中的操作和步骤。输入装置的新特征也受到越来越普遍化的电子汽车界面的影响，汽车厂商提供的前装导航系统的触觉交互操作往往与车内设备连接紧密，交互操作和导航信息界面的协调也更加灵活。除了前装导航系统、后装导航系

[1]Brit Susan Jensen. Studying Driver Attention and Behaviour for Three Configurations of GPS Navigation in Real Traffic Driving[J].CHI 2010: Driving, Interrupted, 2010, 15:1271-1280

[2]Andreas Riener Sensor-Actuator Supported Implicit Interaction in Driver Assistance Systems

表4-1　车内触感交互的优势与缺点

汽车车内触感交互	
优势	缺点
相对于视觉及听觉对认知造成的负担小	皮肤对于长久的刺激具有一定的适应度
触觉感知比听觉和视觉更直接	目前触感的应用较少，触感信息可能需要用户进行训练和学习来掌握
触觉的感知方式与视觉不同，皮肤随时都可以感知信息，而视觉等则需要转动头部或调整视线才能进行感知	机械上的刺激会影响其他任务的完成，例如方向盘的震动可能会影响方向盘操控的精准度
身体受到刺激的位置是以一种以自我为中心的结构组成，皮肤感知的信息易形成以自我为中心的角度	较为敏感的部位是手指，但手指上的触觉设计在可用性上有限，原因是手经常要进行各种操作
触感的范围可以超出身体表面的局限，不必接触皮肤	触感传达必须与用户身体有直接的联系，因此在空间布局上有一定的局限性
	目前的触感技术还存在欠缺，辨识度不高

图4-14　宝马 iDrive 与奥迪 MMI 系统导航操控板比较图

统，如TomTom和Garmin等，主要的操纵方式以触屏为主（图4-15、图4-16）。另外，手机和平板电脑等智能移动设备也能够为驾车用户提供导航功能，这些设备也多以触屏的输入方式为主，随着蓝牙和无线网络等车内联网技术的发展，移动智能设备可以与车载智能系统进行连接，共享信息的视觉界面，甚至可以成为驾车用户在导航交互过程中的信息输入装置，例如宝马i3（见图4-17），利用BMW i 远程助手在行驶前就可以进行路线规划任务，在手机端将重要的目的地发送给车辆，例如空闲的充电站。

图4-15　TomTom触屏操作地图　　图4-16　Garmin触屏与手写输入

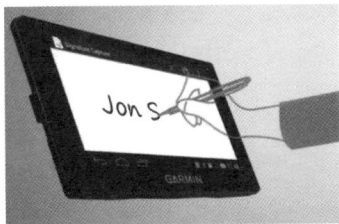

图4-17　宝马i3远程助手

触屏和物理按键的操作需要眼睛的配合，在用户调研中，也有多数用户承认触屏和物理按键操作影响了自身驾驶操作。因此，汽车导航触觉设计应规避动作资源和视觉资源占用。

三、听觉

声音具有多个维度的属性，包括音色（Timbre）、音调（Pitch）、响度（Loudness）、节奏（Rhythm）和方位（Location）等。用户通过听觉系统感知声音的这些属性并为认知提供依据。人类的听觉感知过程也是一个复杂的感知过程，具有一定的特性，例如人类的听觉不能感受到所有频率的声音，声音还具有掩蔽效应，在较为安静的环境中可以分辨轻微的声音，而在嘈杂的环境中，轻微的声音则不被察觉，被较大的嘈杂声音掩盖，声音信息的强度相关的主观感觉往往与声音的响度密切相关。微软早在1993年就将语音相关技术作为人机自然交互的重要部分进行研究，并成立了专门的语音研究小组。随着语音识别和合成技术的不断发展，现在语音交互技术已经逐渐普及。对于汽车导航，语音交互是重要的交互模式。

通过听觉即声音构成的交互界面称为听觉界面，听觉界面的设计涉及声音属性及听觉特征的多因素，如多声音流的同步呈现与顺序呈现问题；声音在不同空间位置的有效性问题；声音的内容及表现方式问题。用户通过感知和理解语音内容识别交互中的声音场景，才能与汽车导航系统进行交互，因此语音信息需要对用户的任务进行明确表征，体现用户的任务意图及任务执行方式。

语音信息是一种由人讲话发出的声音，语音由一连串组成语言的声音构成。言语的清晰度、语音的强度和环境噪声的干扰都会影响用户对语音信息的感知和理解。语言的信息输出是汽车导航听觉交互的主要形式，汽车导航系统通过语音提示对用户的航线进行描述，以便用户理解将要执行的任务特征。语音表达信息具有一定的局限性，语言的理解和语言的长短关系密切，因此语音信息不宜过长，语言逻辑过于复杂也会影响用户的信息认知效度，针对汽车导航中语音交互的局限性还包括语音无法为用户提供路标等信息，而这些是帮助用户进行地理空间认知的重要信息。导航语音交互易受到外部声音环境以及接听电话等活动的干扰，针对复杂路段，导航空间语言的组织较困难，不易理解，而汽车导航语音提示中描述性语言的增多会引起过度的认知负担。

听觉对用户驾驶任务的影响较小，是汽车导航过程中重要的信息形式。本书设计了针对导航语音提示的调查问卷。调查问卷包括语音对驾驶用户的影响调查和具体语音信息内容两部分，在问卷问题的选项上主要突出了以下几点：一是加入了带技术型任务指示的信息，如限速提醒、换道提醒；二是设计了语音提示语言极简化处理；三是对特殊路段的空间信息进行了重点问题设置。调研可知，大部分用户倾向选择语音交互，原因是基于听觉的语音交互与驾驶任务冲突少。从用户的选项看，用户对语音内容的需求不仅与空间、行为指引相关，对交通规则的提醒也很重视。其次，在特殊路段，用户倾向于更清楚地描述而非极简的形式。另外从调研可见，用户在远离转向等重要节点时，对语音的选项较为多样化，在近路口时更倾向简单的语言描述。可见，汽车导航的语音提示不仅与路形相关，也与交通规则和驾驶任务的紧迫性相关。

图4-18为高德手机端导航的语音信息分析。语音信息主要用于用户的路线保持任务，通过语音提示信息保持航线的正确性，在分析中根据路线保持交互任务的特点，将各任务划分为若干个子任务组，每个子任务组又包含若干子任务。从分析可见，语音提示内容中与航线相关的信息主要包括方向、距离和道路名称等。提示信息从300米到50米为一组，分别在300米、100米和50米处进行提醒。语音的长度随着距离变化，300米处较长，50米时语音则只包含简洁动作词汇，如"左转"。另外除指示航线的信息，也包含限速、摄像头、出车、事故多发路段等交通信息提醒，主要功能是辅助用户的技术型任务。从案例分析中可见，交通环境的特殊性会增加交通信息的数量，在一些特殊路段，易增加语音持续性，对驾驶任务也具有一定的干扰性。

随着语音交互技术的发展，现在的语音不仅主要应用在信息的输出上，也越来越广泛地应用于语音的输入中，通过

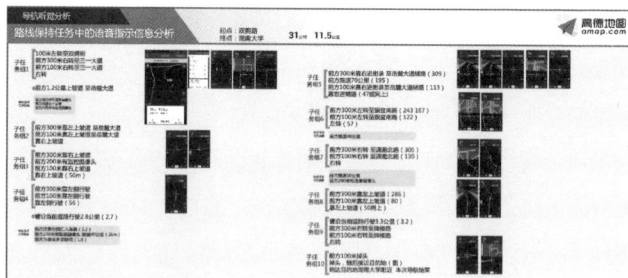

图 4-18　高德手机导航语音分析

识别用户的语音实现交互操作。语音在路线规划任务中的应用主要通过人工通话和语音识别技术来完成。例如通用汽车的安吉星系统就是通过人工服务为用户提供全语音操作。目前一些导航仪品牌也将语音识别技术应用到产品中，如TomTom。语音输入可以有效减少用户导航交互任务作为车内次任务对驾驶任务的影响，包括对交互操作中视觉通道使用的必要性。目前语音输入的不足是由于自然语言的复杂性，目前的语音识别还具有一定的局限性。另外行车的动态性环境形成一定的噪音会干扰导航语音的输入。

四、体感

汽车导航多通道交互模式下的体感交互是未来导航交互发展的热点。在调研中，用户对体感交互接受度较好。目前汽车导航体感交互受技术限制，对于复杂任务操作效果差，体感手势操作对用户的认知负担也非完全解放，一些操作仍然需要手眼配合来完成[1]。因此汽车导航中的体感交互与驾驶任务中的视觉和动作资源具有一定的冲突性，加拿大创业公司Thalmic Labs推出了一种手势控制腕带，腕带可感知和识别手臂的肌电变化从而

[1]Brit Susan Jensen. Studying Driver Attention and Behaviour for Three Configurations of GPS Navigation in Real Traffic Driving[J].CHI 2010: Driving, Interrupted, 2010, 15:1271-128.

图4-19 车内三维手势操控系统

实现用户对设备的控制[1]。另外，日本先锋Pioneer 车载信息系统和奔驰概念汽车等都在人车交互过程中加入了体感操控（图4-19）[2]。

第三节 汽车导航信息服务中的多通道交互模型

从上节的交互通道分析可知，汽车导航人机交互过程中存在多个通道的使用，是一种典型的多通道交互模式。对于导航情境的人车交互，多通道交互模式可以通过任务资源的有效分配保证主驾驶任务的完成，提高驾驶安全性。在针对车内多通道交互及认知负担特征的研究中，Liu[3]等人通过对导航多通道操作进行了相关的实验分析，结论显示多通道交互方式比单一视觉方式驾驶任务的完成效率更高，多通道导航系统相对单通道设备造成的错误率更少；应用多通道交互导航系统减少了行驶时间和里程；相对于单纯的视觉形式，多通道的导航信息可以有效减少驾驶员的认知负担。多通道交互模式为汽车导航交互设计提供了良好的交互形式，对于减少驾驶过程中的认知负担及分心具有积极的作用，但多通道的交互设计与单通道相比更加复杂，需要考虑用户交互任务中各个行为的特征，并将通道进行合理分配才能达到多通道自然交互的目

[1]Muggr, Goversp, SchoormansL.The Developmentand Testing of a Product Personality Scale[J].Design Studiess, 2009 (30)：287-302.

[2] 谭浩，李薇，谭征宇 . 车载信息系统三维手势交互产品设计研究[J]. 包装工程,36 (18) .2015.45-53.

[3]Yung-Ching Liu. Comparative study of the effects of auditory, visual and multimodality displays on drivers' performance in advanced traveller information systems. Ergonomics, 44:425-442 (18), March 2001.

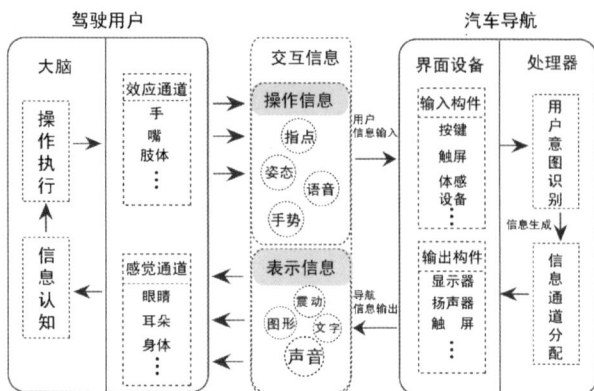

图 4-20　汽车导航多通道交互模型

　　的。对于汽车导航的交互设计，多通道分析与研究是其中的关键问题之一，关系用户在驾驶中的注意力等任务资源的合理分配问题，影响汽车导航交互的可用性和体验性。

　　从用户角度看，汽车导航的多通道交互就是能够综合使用不同的感觉器和动作来操作导航系统，完成特定的交互任务。图4-20为汽车导航多通道交互模型，其中驾驶用户模块包含感觉通道和效应通道，通过信息认知和操作执行表示用户行为；汽车导航模块包含输入设备和输出设备，通过用户意图识别、信息生成和信息的通道分配实现用户信息处理；而驾驶用户和汽车导航系统之间是人机交互信息传送，包括声音、手势、图形等多种信息形式。即用户通过效应通道以多通道形式输入给导航设备；导航设备则通过各种输入构件采集用户信息，经过计算识别用户意图，并执行相应功能，明确信息内容和组织形式，使信息分配到各通道，最后通过相应界面将信息反馈给用户。

第四节 汽车导航交互中的任务资源与冲突

在汽车导航的交互过程中，用户的行为具有多任务的结构特征。多任务并行的状态下，各个任务的完成需要用户分配自身的任务资源，因此任务间存在一定的资源冲突，主要表现为主驾驶任务、副驾驶任务、非驾驶任务和导航交互任务之间的冲突。主驾驶任务是任务中最为重要的部分，是驾车效率与安全的保证，因此占用的任务资源最多，而导航的交互任务实际是导航系统使用产生的驾驶次任务，对主驾驶任务具有一定的积极作用，但与主驾驶任务之间也存在一定的任务资源竞争。用户在车内的行为包括多种类型，除了主驾驶任务和导航交互任务，车内还存在副驾驶任务和非驾驶任务，这两种任务发生的频率虽不高，但对导航系统的交互任务产生一定的影响，各任务资源冲突的特征也存在不同。

一、主驾驶任务与导航交互任务

从上一章中的驾驶情境意识分析可知，认知资源与注意力及各个感觉器的分配都有着重要的关系。特别是注意力在任务之间的分配关系到用户情境意识的高低。图4-21为汽车主驾驶任务与情境意识的分析图，由图4-21可见，不同层次的驾驶任务对注意力的需求不同，对情境意识的形成也起到不同的作用。由于汽车驾驶都是通过一定的操作培训，所以用户对汽车的操作已经较为熟悉，这一层的任务基本是基于已掌握的技能进行的，是一种具有自动特点的行为，依靠知觉的反应来操纵汽车的控制装置。基于规则的技术型任务建立在规则的基础上，体现出直觉性的特点，任务对象包括静态和动态的环境特征信息和车辆的控制任务相关的信息。同

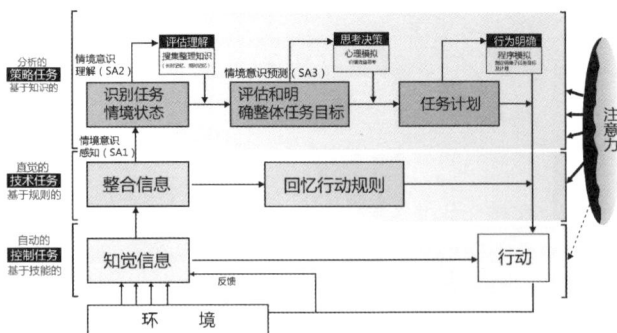

图 4-21 主驾驶任务与情境意识

时任务需要建立在以往的记忆及经验基础之上，通过对记忆中的规则进行提取来执行行动，例如看见红灯就停车，在跟驰任务中，距离太近则减速保持一定的安全距离等。这一层的任务是对环境信息的监测，对情境意识中信息感知层次的形成具有重要的作用，需要保持一定的注意力。在策略任务中，由于任务的对象比较复杂，考虑的任务要素更多，需要建立在一定的知识基础上，经过一定的分析才能进行，包括任务情境状态的评估（当前任务状态）、评估和明确整体任务目标（需要达到的任务状态）和计划任务（解决问题或达成目标状态的方法）等内容，策略任务与情境意识中理解和预测两个层次关系紧密，需要利用一系列内在的加工处理过程形成决策和行为计划，因此策略型任务具有一定复杂性的内在思维过程，所消耗的注意力较多。

由汽车导航用户的人机交互任务特征和驾驶任务特征可知，汽车导航交互任务与驾驶任务之间存在多种资源竞争，除了认知资源，还包括视觉资源、听觉资源和动作资源的竞争。从第二章分析可知，汽车导航信息的理解是高层的策略任务，尤其是当进行路线规划的第一步时，需要导航提供的空间信息及路线信息进行内在的加工处理，会消耗较多的注意力和认知等脑力资源。而技术型任务需要以观察外部动态环境为任务依据，因此技术型任务主要由大脑和视觉系统完成，再具体看，技术任务主要与注意力相关，包括对交通指示信息、行人和车辆的观察，导航交互任务中的视觉交互易对这些技术任务对象的感知造成影响，例如当观察导航信息时，或集中注意力听取导航信息便会降低用户对环境信息的感知效度。控制任务主要是对汽车的操作，控制任务以行为输出为主，主要通过手和脚来实现，但控制任务消耗的注意力等脑力资源较少。因此，当汽车导航人机交互任务需要动作操作时，如触屏和按键等操作，就会与控制任务相冲突，造成车辆控制问题。

导航交互任务与主驾驶任务之间的冲突也与具体的任务阶段及情境相关，在行车前设置路线等任务与驾驶任务无冲突，而在行车中则面临多种资源的冲突，当行车环境较为复杂时，与技术任务的视觉及注意力等冲突就会更加明显，当用户在行车中对导航进行操作时，则会直接与控制任务的动作资源冲突。

二、副驾驶任务、非驾驶任务与导航交互任务

副驾驶任务包括导航交互任务在内，都属于车内的次驾驶任务。从第二章的驾驶任务分析内容可知，车内副驾驶任务的种类很多，另外非驾驶任务，包括打电话、抽烟等行为也存在多种类型。这些行为同导航交互任务及主驾驶任务之间存在一定的任务资源竞争问题。Frederik Platten[1]在针对驾驶任务的研究中构建了主驾驶任务、次驾驶任务与认知负担之间的关系结构图（图4-22），由图4-22可见，主驾驶任务与次驾驶任务之间关

[1]Frederik Platten, Maximilian Schwalm, Julia Hülsmann. Analysis of compensative behavior in demanding driving situations. Transportation Research Part F 26 (2014) 38–48.

系影响驾驶用户在驾车过程中的认知负担。认知负担的高低则会引起驾驶任务执行失误。美国国家公路交通安全管理局（National Highway Traffic Safety Administration）曾将引起驾驶员注意力分散的次驾驶任务分为视觉的（Visual）、听觉的（Auditory）、动作的（或称生物力学的，Biomechanical）以及认知的（Cognitive）任务（基于人机交互仿真的驾驶此任务研究）。Ma 和 Kaber[1]在汽车导航使用中的情境意识研究中指出，打电话等非驾驶任务使用户的注意力分散，不能准确地意识整个驾驶状态，降低了用户驾驶时的情境意识，并影响了驾车的安全性和绩效。

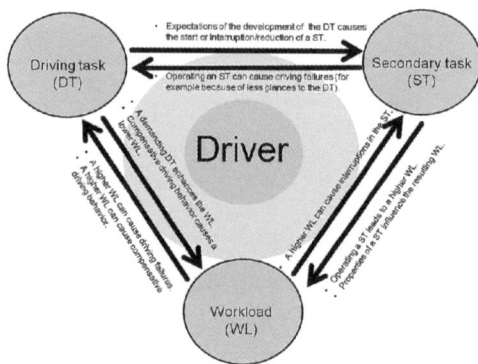

图4-22 认知负担与主驾驶任务、次驾驶任务

[1]Ma R Q, Kaber D B. Situation awareness and workload in driving while using adaptive cruise control and a cell phone. International Journal of Industrial Ergonomics, 2005 (35)：939-953.

相关研究证明移动电话通话等非驾驶任务使驾驶用户注意力分散，进而使得驾驶员不能对驾驶状态形成完整准确的认识，情境意识下降，从而造成驾驶绩效的降低。一般而言，一项次任务的产生往往会伴随多个通道资源的分散，如使用手机通话，用户需要手持电话，听对方的语音以及理解对方的对话内容，因此就同时涉及了听觉、动作和认知三个通道的资源。用户在接受导航语音信息时就会受到影响。同时，某个通道的资源也会由于其他通道被占用而减少总资源的分配，如用户在理解通话内容时，观察路况的视觉注意资源就会被分散。

三、案例分析

本书以凯立德车载导航系统为案例对象，研究分析了驾驶任务、非驾驶任务及导航本身任务的资源冲突。驾驶任务中，控制型任务占用用户的动作资源为主，技术型任务占用视听觉资源为主，而策略型任务主要占用了认知资源。非驾驶任务的分析中，基于用户调研数据提取了4种主要非驾驶任务：打电话、车内交谈、听CD和听收音机，非驾驶任务主要占用了听觉资源。凯立德车载导航系统的操作方式以指点为主，占用用户的动作资源较多，由于指点操作需要手眼配合，也就同时占用了视觉资源（图4-23）。通过分析可知，汽车导航的交互操作上，存在明显的视觉和动作资源竞争，与控制型及技术型任务之间形成主要资源冲突。

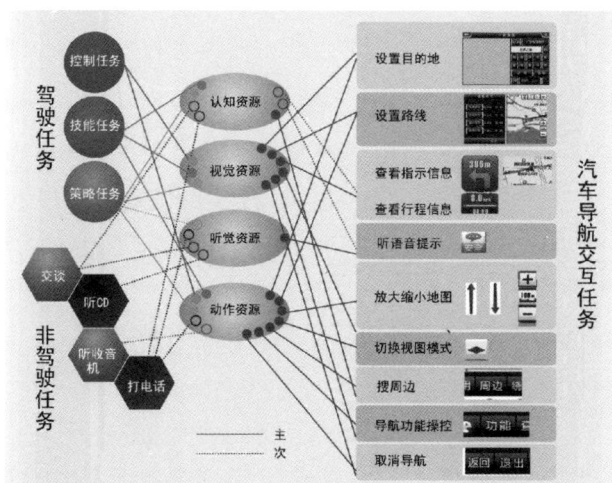

图4-23　汽车导航资源竞争分析

在汽车导航的交互中，手眼配合的交互行为使得用户要不断分配感官和动作通道来获取和处理信息，用户操作导航必然产生感官和动作通道资源竞争，而资源竞争也会降低与导航的交互效率。避免交互过程中的感官和动作通道竞争是提高交互效率和灵活性的关键问题。因此选择正确的通道进行合适的信息传递对于汽车导航的交互设计工作十分重要。

小结

汽车导航的交互模式关系用户在交互任务中的操作及任务执行行为，特别是在驾驶的行程中多任务的情境下，如何分配用户的任务资源是提高导航效用和驾车安全性的关键。

从目前的汽车导航人机交互过程看，交互结合了语音触屏等形式，新技术的开发使汽车导航人机交互中的输入和输出形式更加多样化，具有多通道交互的特征。本章对汽车导航多通道交互模式进行分析，构建了汽车导航多通道交互模型，明确了汽车导航人机交互中的任务资源特征。在本章案例分析中，选取了目前主要的汽车导航产品，后装导航系统选取了TomTom、Garmin及先锋、高德，前装导航系统选取了奥迪、宝马和奔驰，手机导航系统选取了凯立德，结合案例分析与引证，梳理了各通道在汽车导航人机交互任务中的特点，包括各通道在汽车导航人机交互中的主要功能、技术支持及设计要素等。

为了明确多任务状态下用户的任务资源冲突特点，结合第二章驾驶任务相关分析结论及第三章导航情境意识分析内容，本章对主驾驶任务、副驾驶任务的任务资源进行了分析，明确了不同层次及类型驾驶任务资源特征，以资源有限理论为依据，结合案例分析，梳理了多任务状态下，主驾驶任务及副驾驶任务与汽车导航人机交互任务的冲突特征。

　　研究表明，汽车导航多通道交互模式为汽车导航交互任务执行和操作的设计提供更多解决方案，合理分配各资源之间的关系可以使导航的交互任务和驾驶任务之间形成合理的关系，避免资源竞争。从汽车导航的多通道交互特征看，对于导航不同的功能及信息内容需要采取相应的通道形式，才能实现用户的任务认知及操作。

05

第五章
基于任务的汽车导航信息服务与交互设计方法

第一节　概述

西蒙认为，设计科学是独立于科学与技术以外的第三类知识体系。并提出科学研究揭示、发现世界的规律"是什么（Be）"；技术手段告诉我们"可以怎样（Might Be）"；而设计则综合了这些知识去改造世界，关注事物"应当如何（Should Be）"[1]。柳冠中在研究设计事理学时提出以"事"作为设计思考和研究的起点，从生活中观察、发现问题，进而分析、归纳、判断事物的本质，以提出系统解决问题的概念、方案和方法及组织和管理机制的方案。交互式系统作为工具的主要功能是满足用户领域任务的需求，通过人机交互过程，交互式系统通过帮助和替代用户任务的形式使用户达成领域任务目标。如何将用户领域任务特征与需求映射到汽车导航人机交互设计方法中是本章的主要研究内容。

第二节　宏观——面向任务的汽车导航交互设计关键问题与目标

在交互设计工作中，设计问题表征了设计对象的关键特征和设计待解决的关键问题，包含了明确设计方法的线索。汽车导航系统是车内辅助驾驶的重要组成部分，帮助用户在出行过程中完成寻路的移动任务。因此，汽车导航系统及其功能可以看作是一个能带给用户一系列能力的特性集合。对于用户而言，汽车导航系统是完成高层次目标的一个工具，了解和使用界面及系统的运行机制并非用户的交互目的，通过导航系统特性和功能实现其领域任务目标才是交互产生

[1] 胡飞. 中国传统设计思维方式探索[M]. 北京：中国建筑工业出版社，2007.

原因。借助Norman的行为过程模型对交互过程进行分析可知（图5-1），在进行交互行为之前，用户就已经产生了任务目标，这个目标是用领域概念和语言进行描述的内在心理概念。它可能包含用户领域任务子目标和行为计划等，也可能具有不确定性的特征，在交互过程中，任务目标会被转换为更为明确的任务意图，并进一步转换为如何执行的实际动作规划。

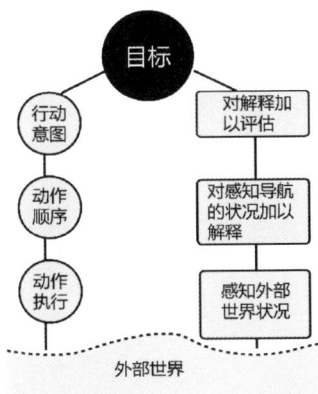

图 5-1　行动的七阶段[1]

在人机交互中，意图是用户期望系统或界面呈现的状态，而执行的行为动作则是输入等控制型任务。如果在行为执行后，系统及界面的状态是用户期望的状态，则意味着完成了任务；如果不是用户期望的，则可能需要重复以上步骤。目标的转换也意味着任务的转换，在完成一个子目标后，用户会进行评估进而确立下一个任务目标及计划。从问题求解的心理学原理出发，用户达成总目标时对各子目标的实现就是问题求解阶段的变化，子目标及任务之间的完成及转化也是问题从一个状态到另一个状态的转换，问题求解的过程是通过中间问题状态到最终目标状态逐渐逼近直至达到目标

[1] 唐纳德·A·诺曼.好用型设计[M].北京:中信出版社,2007: 50.

状态的过程。Engelbart在20世纪50年代早期便意识到计算技术可以作为补偿人类问题求解活动的工具，在人机交互过程中，系统及界面通过交互过程为用户的问题求解提供了有用概念的表示和操作，其任务产生的价值可以帮助用户实现领域任务目标并建立下一步目标及行为计划。李乐山在《人机交互界面设计》中提出，在人机交互过程中，任务的两个主要方面是任务的意图及完成目标的行为计划，目的价值（目的需要）转变为目的意图，从而建立评价行动的标准，方式价值（或方式需要）转化为方式意图，从而形成行动计划[1]。用户目的意图，往往对应交互式系统的"功能"，是一种需求关系。系统通过应用任务提供功能，功能满足所产生的价值对用户领域问题的解决起到重要的作用，由于用户的一个目的意图往往会构成一个或一系列行动（即任务），因此人机交互中的任务是以这种价值为目的，作用于用户领域任务的子目标或子任务，并辅助领域其他任务目标或意图的形成和完成（图5-2）。

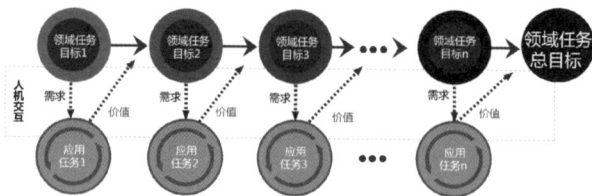

图 5-2　领域任务与应用任务

实际上用户完成任务需要持有有关现实物理世界的知识，有关任务目标、过程以及交互方法等内容，它表示了用户在完成一项交互式系统参与的任务时所包含的知识维度（即在执行一个任务时所需的知识）。在利用交互式系统完成领域任务的过程中（图5-3），用户需要将领域任务的目标转换为交

[1] 李乐山. 人机交互界面设计：实践篇 [M]. 科学出版社，2019.

互任务中的目标。而用户有关领域任务的知识和有关工具
（或系统）的知识是两个不同的概念。领域任务知识表示用
户对待解决问题的理解，而有关工具的知识则表示他对系统
工具的理解。用户任务中的问题求解意味着两种知识的协调
利用。当交互任务的操作对象合理地表现了用户的领域任务
概念时，用户的领域知识模型和系统应用的知识模型则具有
良好的匹配关系，意味着用户在任务的转换过程中使用较少
的心理努力，但当这种匹配关系失调（即产生Norman提到的
产品和用户心理模型之间的隔阂），需要用户在任务过程中
付出更多的心理努力并易造成交互失误。Norman认为引起人
机交互中隔阂问题的主要原因是用户和系统没有使用相同概
念，也没有将术语对应用领域和目标进行描述。因此这里存
在一个交互任务语义上的问题，系统或界面是否满足用户建
立目标意图的条件，或者系统提供的功能或信息是否符合用
户期望的状态。如果一个系统是可操作的，而它无法提供领
域知识相关的内容或操作对象，则该系统就不能达到可用性
的标准，这种语义上缺失造成的可用性问题与用户内在关于
应用工具如何使用相关的知识无关。而对于如何让系统呈现
出用户期望的状态与交互任务中的用户输入和控制相关，这
部分行为也是基于用户关于系统应用的相关知识进行的。这
里主要涉及交互任务或行为的语法问题，语法造成可用性问

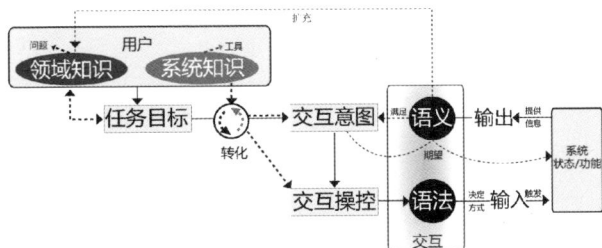

图5-3　人机交互中的任务知识转化

题主要是用户不知道如何改变系统或界面的状态，是对于应用工具知识的欠缺或错误理解。

Fabio Patern[1]等人在CTT任务分析模型理论中将人机交互中的任务分为四类，分别是用户任务、应用任务、交互任务和抽象任务。用户任务是需要用户完成，但不需要系统参与的任务，主要指的是用户感知或认知相关的任务；应用任务是由系统完成的任务，它们负责从系统接收信息后提供给用户，这个过程不需要用户参与；交互任务是用户与系统通过交互控件来完成的任务；抽象任务则是不完全归于前三种任务，由复杂行为组成但还没有具体确定的组合任务。为了更清晰地分析用户在汽车导航交互过程中的任务需求特点，本章在分析设计方法时将重点以汽车导航交互过程中的用户任务、应用任务和交互任务特征为基础，并结合前几章的内容探讨交互设计策略和方法。

在实际的交互过程中，人机交互中的各类型任务实际具有一种相互作用、触发和转化的关系（图5-4）。用户和系统之间的交互任务构成了主要的人机对话机制，这里具有输入和输出两个完整的任务部分，交互任务可能是简单的一次交互对话过程，也可能包含多个循环的对话过程，通过多个步骤才能完成用户的交互意图。用户任务重点是对交互语义输出的内在心智加工的过程，更为重要的是，用户任务是一个连接领域任务的主要环节（即用户任务不仅加工处理系统输出的信息，还将它用于领域任务相关问题的思考中）。为了更明确地区分系统行为，本书的应用任务主要指系统主动或自行完成的任务，例如根据情境感知技术主动提供信息服务等。用户任务和应用任务都会触发交互任务产生，例如交互任务可能是

[1]Paternò F, Mancini C, Meniconi S. ConcurTaskTrees: A Diagrammatic Notation for Specifying Task Models[C]. Proceedings of International Conference on Human-computer Interaction. Sydney, Australia: ACM Press, 1997: 362-369.

用户任务引起的，用户在与汽车导航的交互过程中，用户任务是需要确定当前位置和目的地之间的位置关系，交互任务是查看地图（包括观察地图），对地图进行移动、放大或点击等操作，而系统则需要对这一系列操控行为进行积极的反馈，以保证用户语法上的正确性，而系统任务则是一系列内在的计算过程，包括根据用户的控制输入提取地理空间信息和计算路线并将相应的信息显示在界面中。

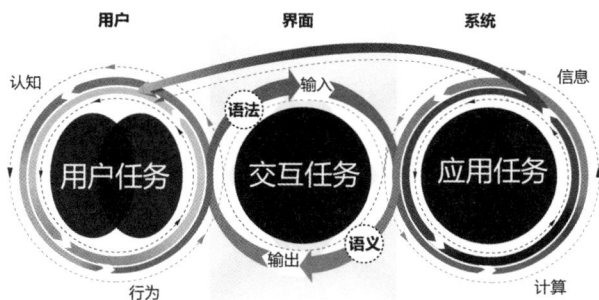

图 5-4　人机交互过程中的任务转化

在使用汽车导航的过程中，用户面临的是一个典型的多任务操作环境，用户不仅需要与车进行交互（即驾驶任务），也需要与导航系统进行交互，不同的任务对象及任务需求使用户在移动过程中的任务行为表现出一定的特殊性和复杂性。对于用户任务而言，移动任务过程中，用户不仅需

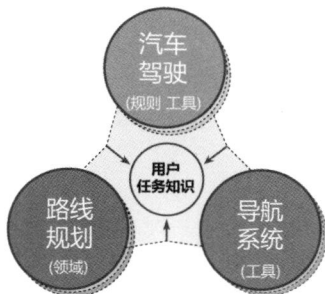

图 5-5　汽车导航交互过程中的用户任务知识

要持有路线规划任务领域相关知识，也要持有汽车驾驶相关的知识，最后还要持有导航系统相关的知识（图5-5）。

而任务之间的关系也体现出一定的多样性。例如驾驶任务与汽车导航交互任务之间的转换或并列冲突关系等。典型的导航系统应用任务是当系统发现前方有堵车情况时，系统会主动执行新路线计算等应用任务，并提供界面信息及相关操作对象，用户通过重新设置路线完成交互任务，并根据指示调整驾驶任务，而导航系统则会根据驾驶任务结果执行新的应用任务。这个过程是由系统应用任务主动触发了任务间的转换和执行，用户任务需要同时处理驾驶及导航相关信息，调整行车的速度或方向来满足移动总任务的需求。在导航的设置过程中，需要用户和系统通过交互任务进行对话，而保持行程中的航线时，导航系统则通过应用任务主动提供路线指示，这时，导航应用任务触发了用户任务进而转换为驾驶任务，而驾驶任务的结果也会影响汽车导航系统应用任务的产生。例如，汽车位置发生变化就会引发汽车导航

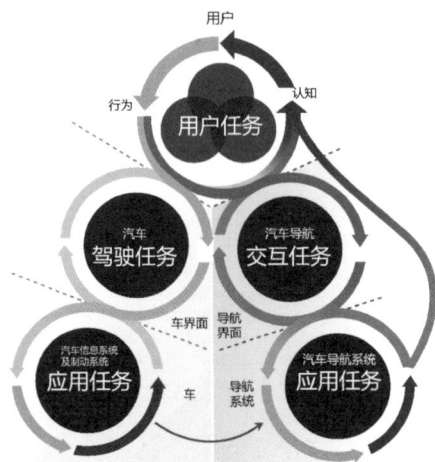

图 5-6　汽车导航人机交互中的多任务转化

系统生成下个航线保持任务的相关指示信息，并显示在界面中。由此可见，在驾车用户移动出行及使用导航的整个任务过程中，各类型的任务共同存在、互相作用并交替完成最终的移动任务目标（图5-6）。

汽车导航提供的是一种基于空间位置的信息服务，具体来看，则是辅助驾车用户在移动出行活动中进行合理有效的行程规划。从本书的分析可知，汽车导航的使用过程也是汽车导航的交互过程，受到出行活动及移动工具——汽车的影响，汽车导航交互过程中存在多类型的任务，总目标的完成依赖于各类型任务的相互配合，但各任务之间不仅相互作用也相互冲突。汽车导航的交互设计需要合理处理各类型任务之间的关系，辅助各任务目标的达成才能保证汽车导航使用过程中的可用性和体验性。因此，从任务的角度来看，汽车导航交互设计策略与方法首先需要考虑以下内容。

一、用户任务与汽车导航交互设计

1. 信息服务与交互设计关键问题

实际上，汽车导航系统提供的是基于位置的信息服务，通过导航信息来辅助用户在路线规划任务中的认知和决策。在汽车导航人机交互过程中，用户任务在人机交互过程中占有较大的比例，在驾车行程中尤其以用户任务为主，如对导航指示信息的认知及理解等。在汽车导航交互设计中，用户任务相关的设计问题主要体现两点。一是在汽车导航人机交互过程中，作为次驾驶任务，导航系统参与造成的多任务特点体现在用户任务中，用户需要处理驾驶任务以及导航人机交互任务，多任务对用户认知环节的影响主要体现在效率问题（即用户缺乏足够的注意力和时间来处理导航信息）。从本书第二章及第三章的内容可知，用户利用导航系统提供的任务知识主要出于两个原因：首先，经验知识不足，主要体现在用户空间知识的缺失上；其次是用户感知能力在空间和时间上的有限性，主要体现在缺乏路网系统动态特征相关的知识。空间知识的类型及表现方式对用户任务有直接影响，汽车导航系统辅助用户认知空间知识的方式与用户领域概念和语言有很大的区别，导航系统用数字距离和道路名称代替了用户点（地标）、线、面的空间认知结构，用户需要对信息进行认知上更深层次的加工，造成理解性上的困难。因此，用户任务相关的第二个设计问题是关于导航系统为用户任务提供的功能及信息内容的完备性和充分性（图5-7），完备性关系提供给用户的任务相关信息内容和种类范围，充分性与信息加工的过程相关，关系信息是否易于认知和理解，意味着这些内容满足任务需求的质量。

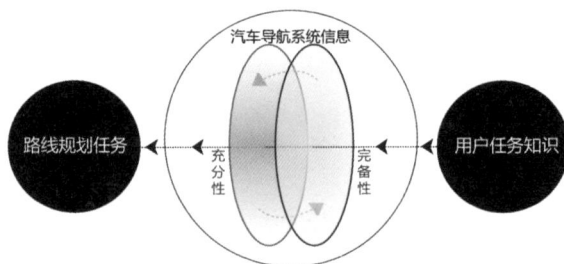

图 5-7　汽车导航信息的充分性与完备性

图5-8与图5-9为Magellan的两款导航产品。导航提供的信息和功能表现出不同的属性，从不同内容及表现形式满足了用户不同寻路任务知识的需求，图5-8为面向RV车型的导航产品，提供了用于房车等特殊车型可用的导航信息，如可通行的道路和停车费用等。图5-9是以越野车及探险出行行为主要服务对象的导航产品，提供了地形相关的内容，并以地形表现、路线记录以及分享等内容为主。两种导航在出行任务

中，用户路线规划任务所需导航信息的完备性和充分性都表现出各自的特征。

图 5-8　Magellan RV

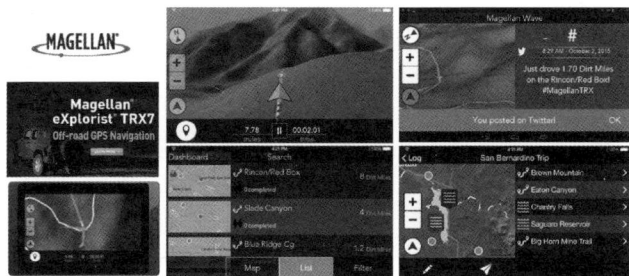

图 5-9　Magellan TR

2. 信息服务交互设计目标——用户任务情境意识的构建

在汽车导航的使用中，用户的领域任务主要是通过路线规划以完成出行活动中的移动任务，信息的有效性受到用户个性特征、任务目标、空间特征和驾驶任务等相关要素的影响，这些要素特征构成了用户任务的任务情境，用户任务需要对情境中任务相关的信息进行综合考虑。基于第三章汽车导航人机交互过程中的用户任务认知与决策分析内容，在汽车导航的人机交互过程中，满足用户任务所需知识内容的多样性以及多任务条件下完成任务的效率性需求，需要在导航驾驶过程中构建良好的情境意识。

构建良好的情境意识的目的是提高用户任务质量，辅助用户任务的认知和决策过程。Endsley[1]认为人机交互对情境意识的形成起到关键的作用，在汽车交互领域，良好的交互设计可以有效提高情境意识的质量。提高情境意识的设计原则包括：视觉显示内容如果与情境意识的第二层和第三层需求直接匹配有利于情境意识的形成；保持与人目标一致的信息表现方式会直接影响情境意识的形成；组织信息需要易于被识别，并能帮助人制定目标相关的重要决策；在复杂的系统中，用户的心理模型是形成高水平的情境意识的关键；在任何领域，能触发心理模型的因素应融入界面设计中；颜色或闪光灯等信息的设计形式应当谨慎使用，避免应用到非关键的信息中，以免影响用户对当前任务目标的注意力；重视与全局情境意识相关的信息，全局情境意识需要与当前任务情境密切联系，全局情境意识可以帮助用户形成对于未来状态的理解，因此在系统及界面的设计中应避免只显示当前单个任务相关的具体信息；为提高情境意识的水平，在系统信息组织和展示时，应通过合并高层次的有用信息以减少低层次的信息数据带来的认知负担；利用用户心理模型可以使系统有效反映未来事件及状态并利于形成第三层的情境意识；在多任务的复杂系统交互中，合理分配不同信息及不同任务间的注意力是保持情境意识水平的关键，系统的设计需要支持并行的信息加工过程。根据汽车导航人机交互的特点，基于情境意识形成的相关理论，通过汽车导航交互设计构建良好的情境意识需要包括三个方面，分别是提高用户的感知、理解及预测水平。

（1）弥补感知力

感知力是用户任务中情境意识的起点，弥补驾驶用户感知力的不足是车内辅助驾驶功能

[1]Endsley. Situation Awareness.

的重要内容之一。如果任务相关信息没有被感知到，就无法参与后期的认知和决策，进而会导致任务结果出现偏差。这种漏失一部分原因是由于人感知能力的有限性，如注意机制的特征导致的多任务情境下的任务性能减少，或者信息存在于人视觉或听觉能力的不可达范围，在设计中，信息可视化和可听化的不合理性也会导致信息的漏失。如重要信息在界面的位置不合理，导致用户错失重要信息。因此，对于设计师而言，需要对汽车导航界面信息的组织、信息的可视化和可听化进行合理的设计，以保证用户对导航信息的及时感知。在信息内容方面弥补用户能力的不足，显示用户决策所必要的但是无法直观或快速感知到的信息，如无法提前预测的交通事件信息。

（2）易于理解

路径引导信息应该符合用户的认知规律，良好地归纳基本引导元素使之易理解。概括地讲，辅助理解的设计目标主要是为了帮助用户形成良好的问题空间，缩短信息加工过程，降低决策难度，使用户对任务情境准确地表征，以便进行决策形成正确的任务计划。首先从导航指引过程看，需要帮助用户认知任务的当前状态、目标状态及中间的差异等信息，以便用户形成驾驶意图；从移动任务深而窄的整体结构考虑，为减少短时记忆（Short-term memory）负担，导航指引信息应采取多粒度、分阶段的提示方式，为提高决策的效率，应增加长时记忆（Long-term memory）的作用（即有效利用经验知识），如果汽车导航情境信息的内容和结构能较好地匹配用户记忆中的知识及结构，则有利于用户情境意识的形成。增强信息的可理解性还涉及界面信息的内容及形式的搭配、采取的符号图形的象征语义、语义提示的逻辑关系等。对于图标和符号的设计，应赋予符号易识别和易理解的隐喻形式。而对于语言等信息，需要注意自然语言的表达，导航信息应符合用户空间认知规律。

（3）辅助预测

辅助预测需要为用户提供与整个移动任务状态相关的信息。情境意识的预测层是用户对将来情境状态的推测，这里的预测主要是指当前情境对整个移动任务的影响，也包括备选行为对任务的影响，用户通过对备选方式的预测与比较来完成决策的制定。因此，提供当前情境、行为及未来移动任务状态的信息对于缩短决策的制定周期有重要的作用。例如，在面临堵车问题时，TomTom直接向用户提供了差异信息，在界面右方显示了可以节省的时间信息，省去了用户对当前状态和目标状态的比较，使用户更容易决策是否变换道路。根据这些信息的制定何时减速、换道和转向等一系列驾驶行为。

（4）情境意识心理模型构建

基于情境意识心理模型的特点，结合情境意识三阶段的特点，构建汽车导航情境意识心理模型的交互设计注重以下三个方面：结构模型对地图可视化设计较重要，应在映射现实地理空间拓扑关系的同时符合用户认知空间结构的心理特点，如利用用户熟知的地标物辅助用户理解空间关系；时序模型与用户驾驶计划密切相关，因此时序相关信息设计可用包含序列语义的图形及文字，以表现时间和次序的特点，便于用户进行驾驶情境预测；因果模型对用户进行决策有重要意义，界面中合理展示情境中的变量及对驾驶任务造成的影响可以缩短用户推理过程进而减少认知负担。

案例分析：

见图5-10，TomTom go 600导航仪界面中，信息除了基于拓扑关系的地理空间信息外，界面下方的状态栏显示了用户的车速，交通限速信息，在超速状态下及时提示用户，弥补了用户感知能力的不足，避免用户因没有观察到限速信息或忽略自身车速造成的技术型任务失误。在界面上方的指示栏中，除了前方的行驶方向和距离信息，还展示了多车道或复杂关键路段的车道信息，便于用户明确行驶车道，减少观察和选择车道的负担。TomTom界面为了弥补地图放大视角及用户视域局限性，将前方较远的不可见重要信息依据时间及空间的次序显示于右边状态栏中，包括前方路况、POI信息等，形象地映射出用户情境意识心理模型中的时序模型特征，便于用户任务情境预测并为决策做准备。

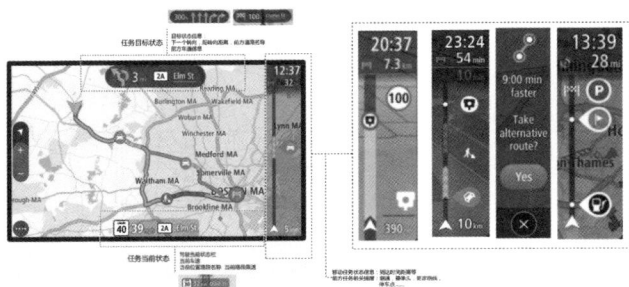

图 5-10 TomTom go 600 导航仪界面

见图5-11，在TomTom的界面中，堵车情境下，用户了解堵车长度等信息目的是为了了解对行程造成的影响，进而比较当前路线和要变更路线的差别，决定要不要变换路线，堵车提醒及相关信息被安排在右侧栏中，并用时间差数值描述路线，有效减少了用户理解和推算信息的步骤。图5-12为TomTom 导航系统的图标设计，交通相关的图标与现实环境中交通标识特征一致，而路线相关操作的功能按键图标，则以导航中路线指引形象为原型，易于用户辨识理解信息含义及按键用途。见图5-13，在关键决策点，采用3D地标辅助用户理解转向的具体位置，符合用户对空间知识的结构型心理模型特征，避免单纯抽象数字距离带来的认知负担。

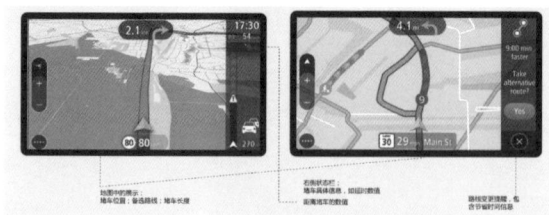

图 5-11　TomTom go 600 导航界面 : 堵车情境

图 5-12　TomTom go 600　图 5-13　TomTom go 600 3D 地标图标设计

二、交互任务与汽车导航交互设计

1. 交互设计关键问题

　　交互任务是由用户和系统共同参与的任务，在汽车导航人机交互过程中，最典型的就是出行前的目的地及路线设置。实际上，交互任务是用户与导航系统之间的对话，是人与系统之间的信息交流，也是任务人和系统之间任务执行的转换。如图5-14，交互任务的意图源于用户领域任务目标，为了使系统了解用户的目标意图，用户的领域知识需要转化为应用知识，通过语法层面的输入向系统传达交互意图，系统响应用户的要求会实现某项功能、呈现一定的状态或输出用户期望的信息内容。这个过程主要问题是用户的意图是由领域任务的概念及语言组成的，界面需要为用户提供表达或建立意图的对象，用户才能表达交互意图。汽车导航交互任务设计的关键问题是交互任务对象需要保持与领域任务概念及任务结构等特征的一致性，李乐山在其《交互界面设计》一书中也提到，交互的界面及操作不仅应该体现用户的目的意图，也要体现方式意图。在交互任务中，控制和显示应该表现用户期望其运行的方式，交互设计还需要考虑用户关于系统工具运行的经验知识，使用户形成系统运行良好的心理模型。

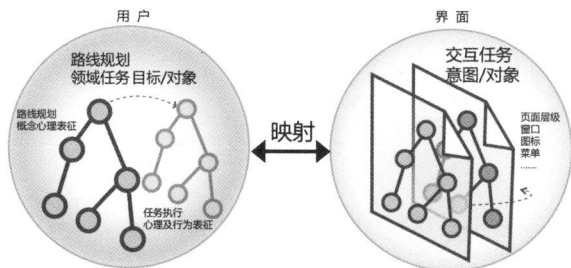

图 5-14 交互任务与领域任务的映射关系

2. 交互设计目标

在汽车导航人机交互过程中，交互任务中用户和系统之间的对话可能需要经历多个循环步骤才能完成。辅助人机对话的完成首先需要提供必要的操作对象来帮助用户建立交互意图，操作对象及其运行的机制需要与用户的领域任务语言和关系相匹配才能减少用户的认知努力，因此汽车导航的交互子任务要与用户的活动和路线规划任务特征保持一致性，如图5-15，高德导航的路线设置界面将组成用户路线进行了可操作化处理，这里的路段名称不仅是一种输出（路线规划包括这段路线），也是一种输入（此路段可以进行删除操作），这样更有利于用户对于路线的表达。交互的输入过程中，需要保证语法的正确性和极小性，正确性意味着用户的动作都是合法的，无论是否达到用户期望目标，系统都需要提供积极的信息反馈以帮助用户评估行为并形成新的目标和任务计划。极小化需要在设计中将用户的操作步骤最少

設計》一書中也提到，交互的界面及操作不僅應該體現用户的目的意圖，也要體現方式意圖。在交互任務中，控制和顯示應該表現用户期望其運行的方式，交互設計還需要考慮用户關於系統工具運行的經驗知識，使用户形成系統運行良好的心理模型。

图 5-14　交互任务与领域任务的映射关系

2. 交互设计目标

在汽车导航人机交互过程中，交互任务中用户和系统之间的对话可能需要经历多个循环步骤才能完成。辅助人机对话的完成首先需要提供必要的操作对象来帮助用户建立交互意图，操作对象及其运行的机制需要与用户的领域任务语言和关系相匹配才能减少用户的认知努力，因此汽车导航的交互子任务要与用户的活动和路线规划任务特征保持一致性，如图5-15，高德导航的路线设置界面将组成用户路线进行了可操作化处理，这里的路段名称不仅是一种输出（路线规划包括这段路线），也是一种输入（此路段可以进行删除操作），这样更有利于用户对于路线的表达。交互的输入过程中，需要保证语法的正确性和极小性，正确性意味着用户的动作都是合法的，无论是否达到用户期望目标，系统都需要提供积极的信息反馈以帮助用户评估行为并形成新的目标和任务计划。极小化需要在设计中将用户的操作步骤最少

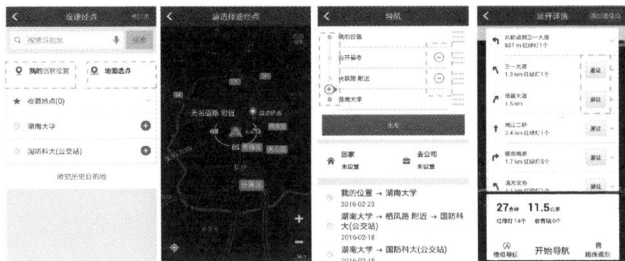

图 5-15　高德导航路线设置交互任务界面

化，避免交互过程中复杂的操作步骤造成的认知及动作负担。易学和易理解，从行为的一般过程特点出发，利于用户任务的评估和新目标意图的建立。由于多通道交互模式，在交互任务中应合理分配通道，保持交互对话的灵活性（即人与系统交换信息的方式具有多样性）。交互任务的相关设计还涉及人机对话之间的主动性，需要结合情境合理设计交互中的主动性，例如在行车中，导航系统不允许用户的某些操作。人与计算机拥有不同的特长，如用户对综合情境的意识和计算机的数据存储和计算能力，汽车导航交互设计需要增强人与导航系统之间的任务分配与合作，提高导航信息服务的有效性、便利性。

三、应用任务与汽车导航交互设计

1. 设计关键问题

本书应用任务主要指由系统独立完成的任务，系统通过情境感知可以主动提供有效信息，如通过GPS定位车辆位置并根据位置主动提供导航指示信息，监测前方道路交通状况，主动提供交通预警信息等。实际上，汽车导航系统独立的应用任务提供了交互过程中的隐式交互方式，即在满足用户任务需求时不需要用户进行输入和控制。从系统作为用户

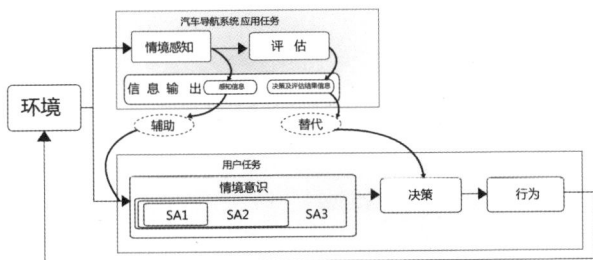

图 5-16 汽车导航应用任务

问题求解的辅助工具角度看，导航系统帮助用户完成路线规划体现在两个方面（图5-16）：一是辅助用户任务的完成，通过情境感知等技术提供用户的情境意识水平，例如在前方路线出现状况时，主动提供备选路线及相关信息；二是通过系统感知和计算替代了部分用户任务，如主动输出指示信息。从任务转换的角度看（图5-17），应用任务输出的信息具有直接可用性时可以直接触发用户任务，当需要用户进一步操作时则需要触发交互任务。主动应用任务可以减少用户的认知及操作负担，可以有效缓解多任务造成的任务资源冲突。应用任务设计除了涉及导航系统情境感知和计算等技术问题，还包括导航信息的主动输出问题和信息的精准

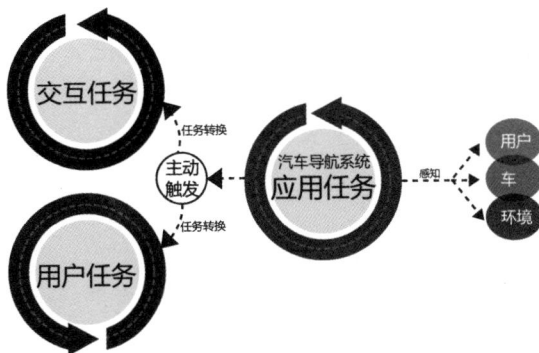

图 5-17 应用任务转换

度、可信度、输出时间、输出位置及信息的形式等问题。

2. 交互设计目标

从用户的出行活动链看，汽车导航信息应重视活动和出行之间的关系，应用任务提供的主动信息输出需要结合用户的任务情境，在任务上下文基础上提供最优匹配的信息服务内容，为用户提供更加主动的隐式交互，提供信息的内容和方式应匹配用户驾驶任务层次，避免用户主动搜寻信息的行为。驾车的移动出行跨越了一定的时间和空间，汽车导航应用任务的主动信息输出需要基于时间和空间两个维度特征，如在午饭时间，为用户提供就餐信息，在下班时间和回家路线中可以提供超市或附近商店信息。由于汽车导航的多通道交互模式，信息输出时，汽车导航需要依据多个通道相关环境特征，例如光线和声音环境，由于汽车导航的人机交互任务仍然属于车内次任务，为了保证驾驶人任务的完成，应用任务主动的信息输出需要合理吸引用户的注意力，避免强烈刺激造成安全隐患。汽车导航系统具有跨设备特性，如手机端和智能手表端的导航系统，当显示在其他设备时，主动信息服务需要考虑各种设备的特征及所在的交互环境。如图5-18、图5-19，为导航在跨平台之间的交通信息提醒设计，不同设备上，相同内容具有不同的表现形式，还提供不同的可操作选项。从汽车移动任务的规律性看，用户的移动出行任务也具有一定的规律性，导航系统提供信息服务的方式需要符合用户预期的行为过程。例如，到达目的地的停车问题，导航系统可以主动提供停车位相关信息。用户的个性化特征也是应用任务考虑的重要因素，如在家和单位以及以家和单位为中心的空间面或线区域，这些地方是用户熟知的区域，是不需要空间指引的，在陌生地点回家的过程中，当到达家附近时，可以减少导航指示信息或提示结束导

图 5-18 TomTom 多设备导航　图 5-19 TomTom 多设备导航

航等，避免不必要的导航信息对驾驶任务的干扰。

第三节　微观——面向任务的汽车导航交互设计方法与策略

一、面向任务的信息组织与架构设计

从任务过程看，导航交互任务具有阶段性和次序性特点。导航信息内容的具体组织与显示需要考虑任务的类型、对象和阶段特点，如起程前的路线设置任务，用户路线的表征要素是界面的核心内容，而对于行驶中的界面，则以转向指示及驾驶任务相关信息为主。另外，由于驾驶环境具有动态性，往往造成用户驾驶任务具有情境化特征，如在复杂路口和简单路口，其界面信息的粒度和具体内容应采取不同的设计。为降低并行任务复杂性和难度，从信息内容上可以根据任务情境提供辅助手段或者改善反馈机制，如在导航界面中增加限速信息和车辆速度信息，减少用户观察交通指示信息、车内信息及导航信息之间的冲突。汽车导航信息的内容和组织除了考虑情境性、多粒度性原则外，还应考虑信息层次性管理，信息层次化管理目的是合理分配用户不同任务间的注意力，是降低任务负担的有效途径。

Götze[1]在对车内交互中驾驶相关信息进行研究中指出，车内驾驶任务相关的信息可以分为多个等级类型。首先，是早期预警信息，用来表现即将面临的驾驶状况，通过信息引起用户对于状况的注意。其次，是警示和紧急信息，信息内容主要指示用户的某种行为来避免事故的发生。Götze研究显示根据信息与驾驶行为的关系进行分类设计有利于发挥信息的功能，也有利于驾驶任务的完成效度。为了更好地处理用户在多任务环境下的任务关系与转换，结合本书内容，基于信息对用户任务的作用和重要性，可以将汽车导航信息分为四个类型（图5-20）：指示信息、状况信

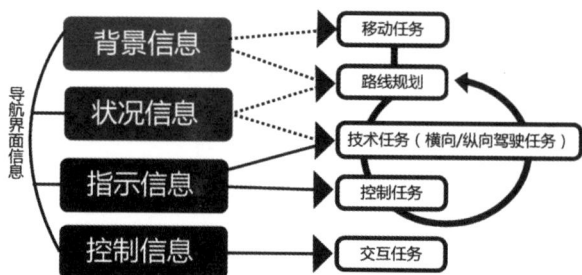

图 5-20　汽车导航界面信息层级划分

息、背景信息和控制信息。指示信息最为重要，是保持用户航线正确的信息，内容将直接表述行为需求，如前方左转信息将直接要求用户执行左转向驾驶任务。状况信息和背景信息是间接作用于用户驾驶任务的信息。状况信息是表征特殊驾驶情境的实时化信息，这些信息可能会引起移动行程或当前驾驶任务状态发生变化，因此需要引起用户的注意力，如堵车或停车场提醒等。而背景信息则指导航中服务上两层信息的辅助信息，包括页面已显示的或响应操作所显示的信息，如停

[1]Bengler, K., Götze, M., Pfannmüller, L., Zaindl, A.: To see or not to see –innovative display technologies as enablers for ergonomic cockpit concepts. In: Electronic Displays Conference (2015).

车场或周边详情等。控制信息是与导航系统设置相关的信息，主要服务于交互任务的完成，如与颜色和声音的设置或页面的跳转相关的图标或按钮等。

地图是视觉界面中的重要背景信息，而地图展示的内容和形式具有丰富性，其中不仅有航线展示，还包括地标、道路名称等。从信息的形式来看，地图区域内的信息不仅包括文字、图形和动画，地图对于辅助用户形成心象地图了解任务的空间特征有重要的意义；从车内交互的特点看，地图信息过剩的信息反而不利于用户识别重要信息，对视觉认知起到一定的干扰作用。地图往往与用户移动任务发生的空间位置相关，在用户移动可达一定范围内的信息与任务的相关性较大，空间位置中面对用户信息服务有重要作用，如图5-21为赫尔辛基城市动线的原型设计，是面向城市居民及游客的位置信息服务概念设计，在划分可服务范围时根据用户当前位置以及交通工具可达位为地图区域信息显示的划分标准，当用户步行时，地图可基于步行可达范围提供信息服务。地图信息需要与界面其他信息相呼应，合理保持信息的层次性，依据用户任务特征，本书认为可以将地图划分为三层（图5-22）。首先，对于用户任务来讲，地图中的较重要区域应该是路线和当前位置以及转向图形组成的信息模块（图5-22中A），对于用户了解当前任务状态、预测任务情境及决策任务目标和行为有重要的作用；图5-22中B为第二重要的区域，这部分反映了围绕路线周围的空间面区域，包含辅助用户空间认知的信息，也包含用户可用的服务相关信息；图5-22中C为次要部分，与航线距离较远的区域，这里的信息极少或基本不与导航任务相关。

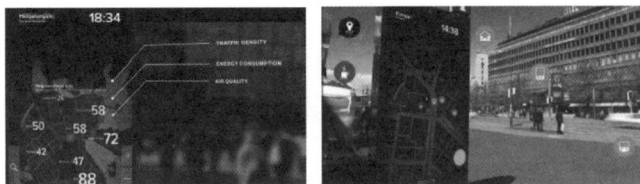

图 5-21　城市动线

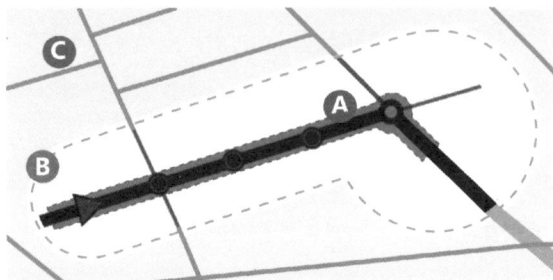

图 5-22　汽车导航地图区域划分

二、面向任务的信息表达设计

在交互界面中，信息的表达形式是交互审美体验形成的重要因素，也是实现功能性的关键。交互界面设计需利用相关要素的设计实现信息功能与形式的合理统一。汽车导航的信息表达设计中，在基本美学原理应用的同时，还要重点考虑用户的多任务特征，基于任务的信息表达设计需考虑三个基本原则：一是表现任务等级和任务间的关系，使用户及时获得与当前主任务相关的信息，重点是注意力的分配设计，利用设计方法使界面的信息感知呈现秩序感；二是需要使信息应用的任务属性进行有效表征，重点是增强信息的理解性；三是针对用户的任务状态和操作给予积极的信息反馈，重点是增强用户行为的评估，帮助用户形成良好的认知及行为计划。目前汽车导航系统以多通道的交互方式为主，界面主要包括视觉界面和听觉界面两部分，实现上述三个策略需要结合导航信息分层特点对两部分要素进行具体设计。

1. 视觉设计

汽车导航信息的视觉化设计内容包括信息布局、颜色、大小、文字、图形、符号和动态性等要素的设计。视觉的表达设计需要充分考虑车内的光环境、视觉界面的位置和内容形式之间的合理搭配，从界面内角度，除了保持要素间的系统性和一致性，还要降低用户视觉和认知负担，可利用位置、对比等美学原理使其形成合理的视觉流。从导航信息的层级特点看，导航指示信息最为重要，需要布置在界面的首要位置。为便于识别，形式需要与其他信息相区别，如使用大小和颜色对比进行设计。情境信息不具有恒常性，需要吸引用户的注意力，还要准确表征状况属性及与任务的关系，因此易理解性较重要，适合采用文字和图标的形式，有时也需要动画的形式加以强调。由于背景信息与驾驶任务行为的直连性最低，因此交互方式以主动感知为主，即供用户需要时查看，可以利用行为召唤按钮、弹出菜单或页面的形式呈现信息。控制信息与用户关于系统的应用知识相关，在形式上符合用户的认知与操作习惯，如可操作按钮应该具有描述自身语义的功能，体现可操作的属性，例如在图5-23中，各类信息在界面的布局和形式需要随着任务的进程调

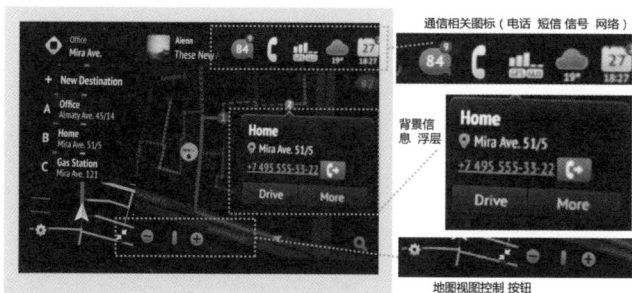

图5-23 汽车导航界面中的控制信息

整，为了满足用户理解导航信息的充分性和灵活性，需要根据任务的具体需求灵活处理信息的位置和形式，如图5-24，在copilot导航界面中，距离被抽象为界面右边的进度条。在图5-25中，进入关键路段时，导航自动切换画面内容与比例，放大路况的3D画面，并将关键交通指示信息显示在界面中。

图 5-24　copilot 导航界面　　图 5-25　Garmin 界面

2. 听觉设计

听觉界面中的信息，不仅包含语音信息（即语言符号信息），也包含声标（声标包括自然声标和抽象声标等形式）。对于声音信息的设计，应充分考虑声音、用户听觉以及声音认知的特征，合理分配信息内容与声音信息的形式。汽车导航信息的语言组织应该简短易理解，语音需要建立在自然语言的基础上，为减少记忆和认知负担，需尽量使用较短的语句或词，一般越重要的信息越简短，如果有必要进行长句的使用，需要将重要的信息放置在句首或句尾。导航指示信息的语言结构以空间表征和行为描述组合的形式为主，如"前方、左转"。相对于视觉信息，听觉信息的传达力度更强，因此较为适合指示信息或情境信息使用，而背景信息等内容则不适合语音的形式。由于声音易受环境的影响，语音信息需要具有抗干扰性，噪音环境下语音提示应易识别，避免用户错失提示。由于声音具有一定的时间长度，汽车导航系统应该提供可随时回放语音提示的快捷功能；当语音输入时应给予用户信息反馈，如图5-26为佳明的语音输入页面，右上角是语音信息捕捉状态图，下边则是语音操作的提示。

图 5-26　汽车导航语音输入界面

三、案例分析一

本节主要分析两款汽车导航产品的交互设计，分别是TomTom和Garmin。

图5-27为Garmin和TomTom导航界面分析图，从界面内容看，面对不同的任务情境，导航提供的内容具有不同的信息粒度特征，如图5-27中b部分为路线决策点时的导航界面，为了帮助用户在复杂路段识别航线，信息除了指示信息，还提供了3D视图和相应的交通标示信息，信息粒度较密集。Garmin和TomTom都具有显示情境信息的功能，但体现了不同的信息组织方式，图5-27中a部分，Garmin的情境信息主题单一，但提供了较为具体的状态属性信息，图5-27中c部分，TomTom可以提供多个信息内容，用户依据需要采取进一步操作查看具体信息。

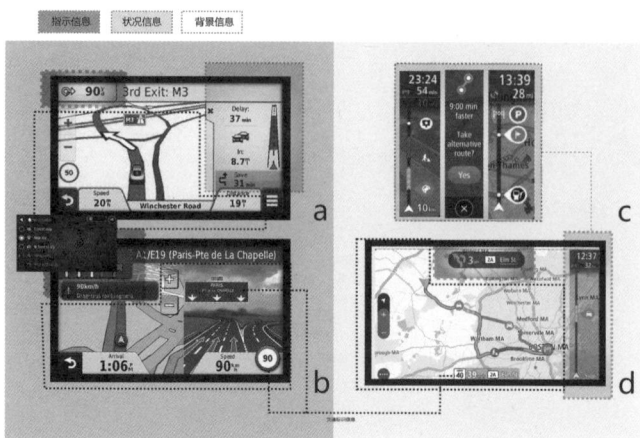

图 5-27　信息内容及组织案例分析图

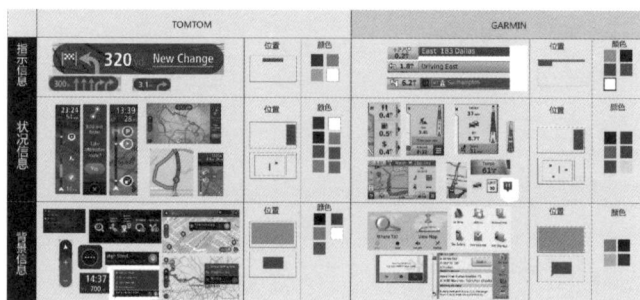

图 5-28　设计案例分析图

　　在界面风格上，Garmin和TomTom导航中界面及其要素都保持了自身的一致性。图5-28中，Garmin界面色彩以稳重为主，具有质感和立体感，并将这种效果应用在信息的层级划分上，如指示信息的立体化表现。而TomTom则采用了明快的色彩策略，并融入了扁平化风格，在表征层级方面，则将指示信息放置在页面顶部的中间位置，并利用黑色半透明色块和明亮的蓝色转向图标组合来增加识别性。Garmin和TomTom导航界面都将指示信息放置在界面上部，上部信息还包括即将驶入的街道名称，而与之对比的当前车速和当前位置等信

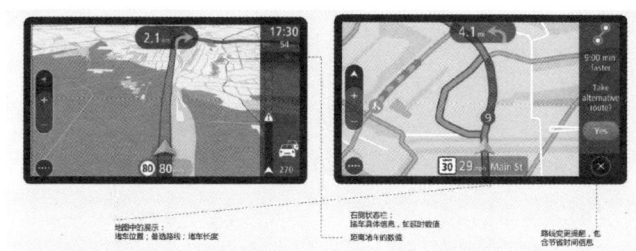

图 5-29　TomTom 堵车提醒界面

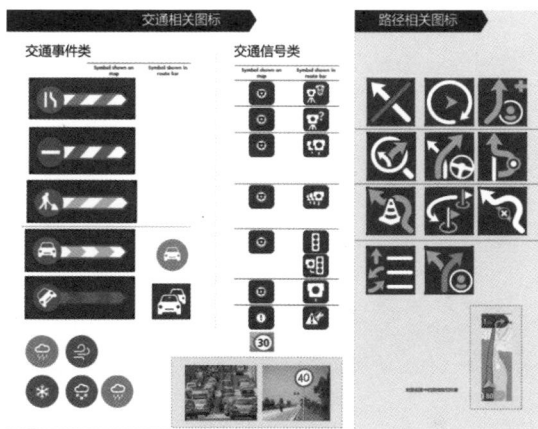

图 5-30　TomTom 导航系统图标设计

息则布置在页面下半部分，较好地表现了任务状态信息。在情境信息的显示设计上，Garmin和TomTom都采用了弹出菜单的形式，在相应情境时才出现，图5-29为堵车情境下信息提醒设计。图5-30为TomTom导航系统的图标设计，情境信息中交通相关的图标与现实环境中交通标识特征相一致，而路线相关操作的功能按键图标则以导航中路线指引形象为原型，保持了视觉形象上的一致性，易于用户辨识理解信息含义及按键用途。

四、面向任务的交互操作设计

在驾驶过程中避免与用户驾驶任务的控制行为相冲突，保证驾驶安全性是交互操作最为重要的原则。另外，汽车导航系统人机交互中的操控需考虑界面的位置和属性，例如后装市场导航仪以触屏操控为主，需要利用直接操纵手势进行设计，而汽车原厂提供的导航系统，操纵可能同时存在于中控和方向盘。图5-31为英菲迪尼、大众和讴歌三款车型导航系统在方向盘上的控制按键，方向盘的操控以拇指为主，中控的操作则可以综合运用手部的各种动作，如旋转和点击组成的选项确定行为。另外，从灵活性看，为适应导航交互操作的不同任务和情境，操作应该具有多线索性，例如当语音环境较差时，提供触屏的操作。

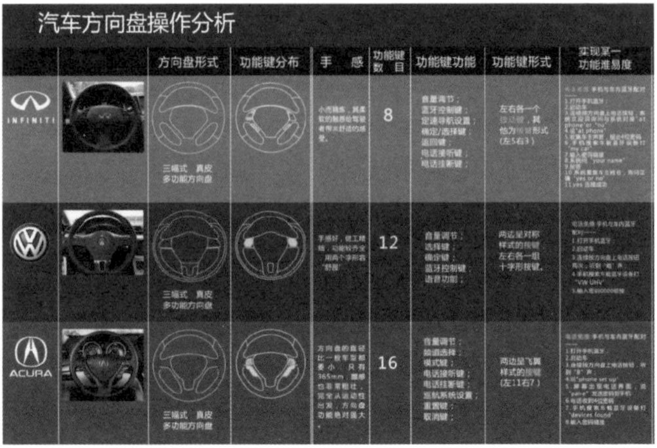

图 5-31　汽车方向盘控制分析

按键位置和角度应在驾驶员手臂操作的合理范围内，操作手势设计应简便，避免复杂动作。利用语音和手势/直接操纵进行互补，语音适合描述性的输入、非图形的命令和任务的控制。手势或直接操作适合于视觉、空间输入。当语音识别输入时，由于比指点操作响应时间更长，需要借助视觉界面给予积极的任务状态反馈。由于车内交互的特殊性，汽车导航的交互操作应保证用户可单手完成操作。手势的动作语义应建立在用户认知经验的基础上，使用用户熟悉的任务语言和操作规约。易操作，手势动作简单，完成操作的动作范围不宜过大。避免手臂以外的肢体运动，保证用户对方向盘、制动或离合器的控制任务。提供积极信息反馈，避免因操作模糊性造成用户分心思考和观察任务进度。

五、案例分析二

案例1：TomTom go 600导航系统

图5-32为TomTom go 600中的交互操作方式，其中以触摸屏和语音操控为主，用户可以进行点击、双击、滑动等操作实现对界面控件的操控，完成如点击按钮、选择选项或召唤窗口等交互任务。通过触屏，用户还可以对地图进行直接操作，通过点击完成对菜单的操作，如点击右侧栏内图标可观

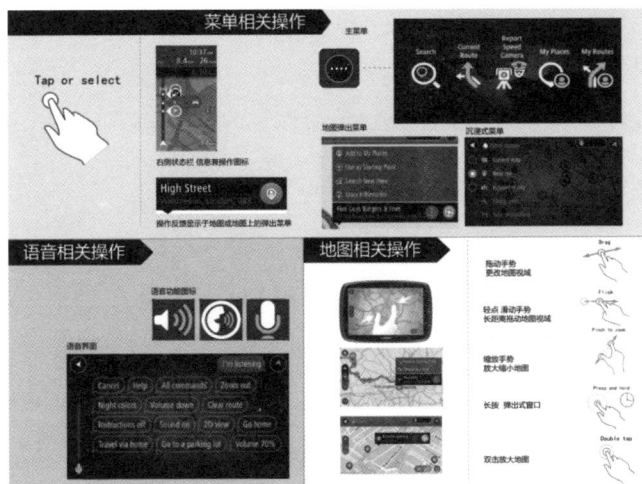

图5-32　TomTom go 600 导航系统相关操作

察交通事件等详细信息。可选择语音操作目的地查询及导航等功能，在语音操作界面，为帮助表达用户目的意图，界面显示各功能相应操作语句提示。

案例2：奥迪MMI系统导航

车内交互特点使得汽车导航的界面布局与操作方式明显区别于其他设备。图5-33为奥迪Q7内MMI系统的硬件操作装置，位于中控台部分的硬件操作装置集合了多种操控形式，包括旋转、按压、触摸和拨等。通过不同手势和动作的分配与设计，可以充分利用触觉的感知和动作使用户实现盲操，奥迪MMI系统在2016款车内增加了触控板的尺寸，以增大导航手写输入的可用性，而触控板两边的凹槽则易于用户通过触摸识别功能区域。另外，视觉界面的布局设计也与物理按键的操控形式相呼应，例如弧形菜单，较为形象地表现了用户交互操控态势，而最上排的数字延续了传统界面中的按键排布，但在界面中有相同排布的界面按钮。见图

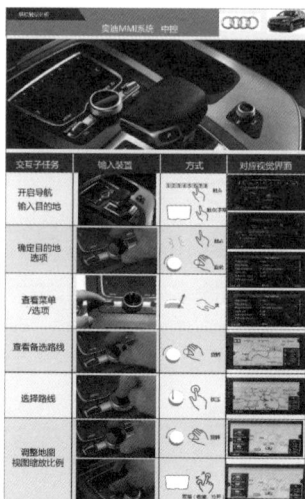

图 5-33　奥迪 MMI 系统
触觉通道分析（中控）

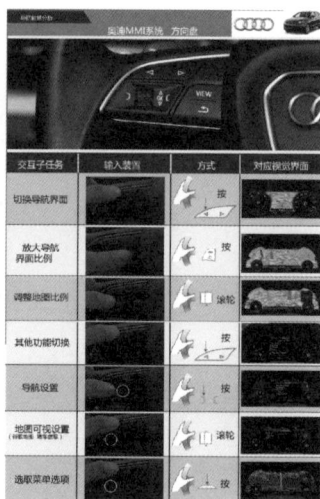

图 5-34　奥迪 MMI 系统
触觉通道分析（方向盘）

5-34，奥迪Q7仪表盘部分的导航界面操作主要通过方向盘上按键完成，方向盘操控主要包括按键和滚轮两种形式。

六、面向任务的多通道整合设计

汽车导航的人机交互过程中，交互任务的信息交互过程可以通过多个通道完成，可以有效利用视线跟踪、语音识别、手势输入等新的交互技术，为用户提供多通道的交互方式，但各个交互设备功能相对独立，并不是协作的形式，其信息又具有多层次和多线索的特点，需要用户通过规划自己的行为组织系统设备的各个功能，以实现特定的目标。在这个过程中，汽车导航系统输入界面从用户向导航系统的输入信息中捕捉用户的意图，将其转化为系统的功能表示并传递给用户，因此通道整合是汽车导航交互任务操作设计的重要环节。如何处理同一任务中的不同通道以及不同任务相同通道的信息输入和传达，并使它们形成协作的关系是汽车导航多通道交互操作设计中面临的重要问题。在汽车导航的交互过程中，汽车导航交互任务中的操作设计不仅是为信息提供合适的通道及表达，还应该考虑多任务结构特征，避免用户导航交互任务与汽车驾驶任务之间的冲突。通过对交互任务中多通道之间的整合，达到合理分配用户任务资源的目的。对于汽车导航的多通道交互而言，整合需要融合视觉、听觉、触觉等信息，考虑车内复杂的交互情境，根据用户的认知和知识特点，以自然性为目标，充分利用各通道的优势，合理分配信息以及操作，减少用户的认知负担，提升用户体验。本书在研究的基础上针对汽车导航的多通道交互整合设计总结出以下几个要点。

1. 以用户为中心

在本书的用户调研中，不同的用户面对同一通道和任务有不同的体验和观点，可见用户特征差异对导航的交互过程存在影响。研究认为用户是交互过程的核心，汽车导航的多通道设计需基于用户的认知和行为习惯才能使交互更加自然。设计过程必须充分考虑用户的知识基础，结合用户的使用习惯，为用户提供可定制的选项。

2. 以情境为依据

情境感知相关研究以计算机系统对用户及用户任务情境的感知为目标，通过各种感知器及中间件等设备收集有关用户的相关信息，通过理解用户的行为意图和最终目标为用户提供更加智能化、隐式和主动的服务，以做出符合用户需求的响应。在汽车中，关于用户及任务相关的情境信息可以分为三部分：一是与车相关的；二是与驾驶人相关的；三是与行车环境相关的。三部分包含的要素多样，造成交互环境的多样性特征，利用中间件的情境收集，根据具体情境有利于有效提供系统的性能和交互的效率，更好地满足用户的需求。情境感知技术通过感知传感器可以感知情境信息，使得交互和服务功能更加智能化，目前感知和检测的对象主要包括三部分：一是对行驶环境的检测；二是对车辆本身的检测；三是对驾驶用户的检测。传感器的类型多样，包括摄像机、超声传感器、声呐、雷达和激光红外线等。在对汽车导航下的驾驶任务与认知行为分析中可见，用户的驾驶情境具有动态性特征。交互设计应将情境作为通道整合的重要依据，为不同情境设计合适的通道方式可使交互更加便捷，特别是当一个通道由于故障或环境制约而不能使用时，导航可以为用户提供必要的通道切换和选择。

3. 以任务为导向

汽车导航在多通道交互模式下，其信息具有双向性，信息流比单通道更加复杂，特别是车内的驾驶情境下，以任务为导向可以更好地将多通道交互的信息流组块化，也更加容易管理通道之间的功能分配，从而使汽车导航的设计目标更明确。

4. 明确通道关系

由上述分析可知，汽车导航交互中各通道特点不同，而用户任务也存在差异，用户的各类资源特别是认知资源呈有限性，因此通道并存的情况下，应根据用户、任务以及情境特点明确通道的次序关系，以减少用户做决策的时间。次序关系可概括为两种：一种情况是多个通道是并行平等的关系，即用户用哪一种通道都可以单独完成任务；另一种是包含主次的关系，即一种通道为主、另一种通道为辅的形式。例如，在停车状态下，用户可以用语音或是触屏完成目的地输入的操作，而在行车过程中，语音是导航信息表示的主要通道，视觉通道则是辅助通道。

5. 积极的信息反馈

为用户的操作提供信息反馈，特别是在驾驶时，提供积极的信息反馈以减少用户的认知负担，使用户了解系统的任务进程，为用户操作提供依据，提高交互效率。多通道的反馈过程中（即对用户的信息传达过程），是对表达信息的分流过程，反馈的信息最好能够使各个通道之间进行融合和协作，及时地向用户传达重要的任务信息。汽车导航用户在进行多通道交互时，界面应给予用户明确的信息反馈，可能操作和反馈不一定是单一或同一通道，例如语音操作时，语音和视觉界面都有反馈信息。

第四节　理论应用与设计实践

本节主要是结合前几章内容将汽车导航交互设计方法运用到实际案例设计工作中。对湖南大学汽车车身先进制造国家重点实验室主持项目"电动汽车车载信息服务系统设计"中的"电动车导航服务"交互设计内容展开实践应用。目的在城市居民驾驶电动汽车出行过程中提供有效的导航服务，利用本书中任务分析的研究结论和设计方法对电动汽车导航系统的功能创新、界面设计及交互操作等内容展开设计实践，以对书中的内容及提出的设计方法进行运用和验证。

一、设计流程

设计流程图见图5-35，结合汽车导航交互设计工作的特殊性，根据第二、三、四章研究结论，在领域研究部分，首先进行了汽车导航用户调研和导航系统分析，整理了文字、录像、录音和图片等格式的调研记录。在设计分析部分，为了明确设计问题和目标，首先对调研记录资料进行了数据提炼及分析，根据数据进行了设计问题与机会点梳理，通过服务生态圈设计方法和工作坊的形式对设计点进行了延伸，得到多个设计概念，结合本章第二节内容对设计概

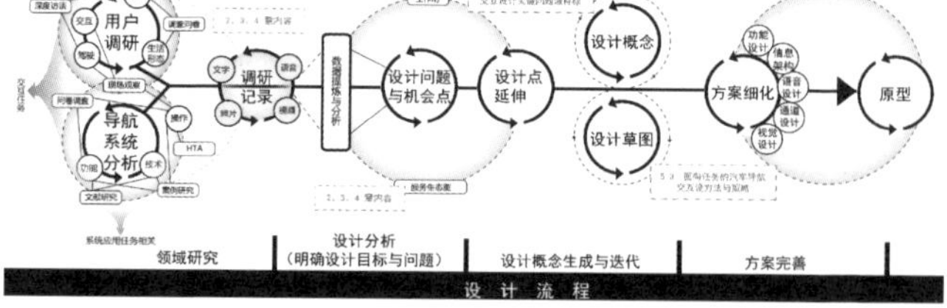

图 5-35　设计流程图

念进行了反复推敲并进行了草图设计，完成了设计概念的生成与迭代。在产生的方案中选择了几个重要的创意点进行设计方案完善，根据本章第三节内容对方案进行了细化，并完成原型制作。

二、设计调研

设计调研共分三部分：首先是用户调研，主要是深度访谈、现场观察和调查问卷的形式；其次是导航系统分析，主要是导航产品分析，包括界面、技术和交互操作等；最后将导航系统分析与用户调研数据进行整合，进行了数据提炼与分析以为后期的设计工作做准备，数据归纳的形式包括历程图、Persona和故事版等形式（图5-36）。

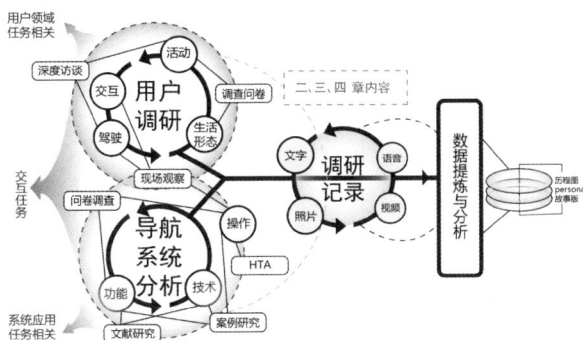

图5-36 设计调研流程与方法

1. 用户调研

在调研中体现与发掘用户的任务特征，对汽车导航的交互设计相关问题进行研究，需要确定用户的领域性特征，在以往的研究中，相关研究已经证明社会学和人种学相关因素对汽车导航的交互过程会产生不同的影响，但本书的主要目的是发现用户领域任务的一般特征，特别是对于空间认知、表征、行为规划及执行的原型特征。用户调研的主要方式包括问卷调查、用户深度访谈、现场跟踪。共对107名中国驾驶员的驾驶行为进行了问卷调查研究。然后选取其中10名用户进行了深度访谈，对具有代表性的6名用户进行了现场跟车。

（1）问卷调查

问卷的方式主要是以电子问卷及纸质问卷的形式进行，电子文件通过邮箱等网络形式进行发放与收回。问卷内容中用户基本信息主要包括用户的年龄、驾龄、车型、导航使用频率、导航设备或系统的基本信息。另外还分别设计了针对用户任务、交互任务和应用任务的模块，每个模块包含若干问题，包括结构、半结构和开放式等提问形式。在问卷的设计上，首先明确将三类任务分析的主要目标，其次需要将调研目标转换为用户角度的问题（表5-1）。

表5-1　问卷调查设计说明

模块	调研目标	问题设计
用户任务	用户对空间知识的认知；信息类型充分性和完备性；领域任务的支持性；视觉与语音信息的认知状况……	1. 是否理解导航指示信息中的方向语言？2. 视觉界面信息航线指示是否明确？3. 行车中最关心的出行信息有哪些……
交互任务	交互意图；交互步骤；交互的难易度；对界面菜单、按钮和选项的认知；遇到的操作问题；体验性；交互操作安全性；界面反馈机制	1. 触屏操作是否便捷？2. 行车中进行交互操作的情境有哪些？3. 是否理解界面在交互操作中的反馈信息……

模块	调研目标	问题设计
应用任务	对主动服务的态度；对主动服务的类型偏好；硬件满意度；技术需求……	1. 导航信息提示时间是否满足驾驶操作的调整？2. 是否接受主动推送周边商业信息……

（2）面向任务的深度访谈

深度访谈是一种长时间的有语境访谈，具有结构开放和启示性特点。深度访谈适用于发现价值、意见、显性和隐性信息，也利于分析交互关系和激发设计灵感。相对于焦点小组等方式，深度访谈更具有前瞻性。访谈目的是采用深度挖掘模式了解导航用户的各类信息，如基本信息、导航需求、交互动机、交互期望和问题。

访谈人员设计主要包括：一名主试，负责全面控制研究的进行，在用户谈话中，主持、引导与提问；一名设计师，负责访谈阶段和反馈阶段要点记录；一名记录人员，负责现场拍照，录音笔，现场记录。

访谈共分为两部分：首先是基本访谈，包括基本的导航需求情况；其次为了解用户的日活动导航需求设定了one day story环节。如图5-37，One day story即"一天的故事"，从社会学的角度了解对象的相关交互行为，获得用户情境相关信息，确定用户行为模式、需求、动机和趋势，了解围绕核心因素有关的内容展开。根据汽车导航人机交互过程任务分析结论，在访谈中设置了几个主题，分别针对用户任务、交互任务和应用任务。利用卡片的形式整理了访谈的话题清单，以开放式讨论为主。

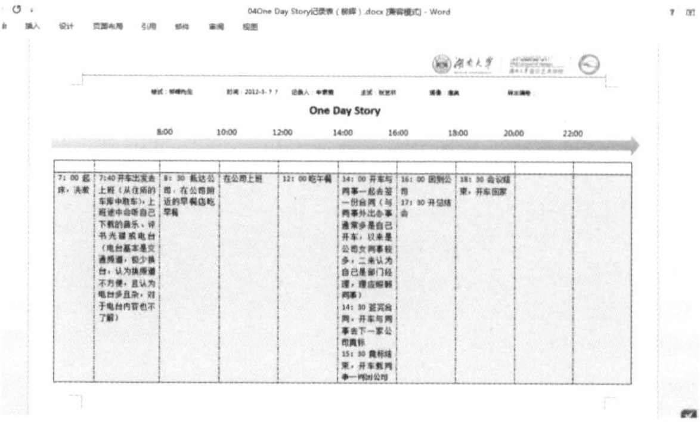

7：00 起床，洗漱	7:40 开车出发去上班（从住所的车库中取车），上班途中会听自己下载的音乐、评书光碟或电台（电台基本是交通频道，极少换台，认为换频道不方便，且认为电台多且杂，对于电台内容也不了解）	8：30 抵达公司，在公司附近的早餐店吃早餐	在公司上班	12：00吃午餐	14：00 开车与同事一起去签一份合同（与同事外出办事通常多是自己开车，以来是公司女同事较多，二来认为自己是部门经理，理应照顾同事） 14：30 签完合同，开车与同事去下一家公司竞标 15：30 竞标结束，开车载同事一同回公司	16：00 回到公司 17：30 开总结会	18：30 会议结束，开车回家		

图 5–37　One day story 文件记录表截图

（3）现场观察

进行现场情境观察（图5–38）。现场观察增加了现实情境，有利于发现问题。现场观察的人员设置主要包括：主试（主持、引导与提问）；设计师（负责要点记录）；观察人员（负责拍照、录音、要点记录）。主要对汽车导航人机交互中的交互操作、步骤、问题、体验和驾驶表现等进行分析。起程前首先进行用户基本信息的登记，进行简单的导航使用情况提问与记录，行车过程中以观察为主，记录主要的交互行为及出行的问题，停车后对用户进行进一步访谈，主要涉及行程中的问题和感受。在现场观察后，调研人员进行汇总讨论，并整理归纳现场观察的要点。

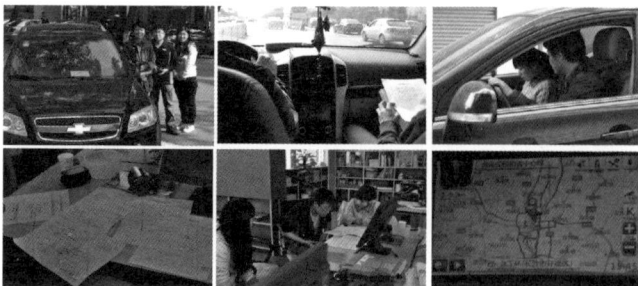

图 5–38　实地观察图

2. 导航系统调研

导航系统调研以产品分析为主要内容，来源主要通过用户调研、网上资料收集以及文献研究等。在对系统的研究中，包括设备特征、功能类型、操作方式、任务流程、技术特点、界面和语音特征等内容。以市场上现有的导航系统为主要的分析对象，图5-39为部分调研资料样本。

从调研可知，目前汽车导航系统的设备特征主要包括以下几点：一是通过便携式的导航仪，信息服务由设备生产商提供，如TomTom，Garmin等，在欧美市场，便携式导航仪是主流导航产品；二是通过车载信息系统，服务由汽车生产商提供，如福特的Sync、通用的OnStar等，部分汽车品牌的导航也采用了一些专业导航设备品牌的信息系统，如宝马内置导航信息系统就使用了Garmin数据；三是通过智能移动设备APP，服务由移动APP开发商提供，如百度和谷歌地图等；另外随着蓝牙、Wi-Fi、红外等车内短程无线技术的发展，车

图 5-39 导航系统分析调研部分样本

内信息系统也可与移动智能设备连接共享位置服务功能。除手机、pad等移动设备，可穿戴设备在车内的应用也逐渐被重视，如INRIX Traffic就将应用扩展到电子手表上，用户可以通过电子手表端的INRIX Traffic获得导航和即时交通信息。GIS信息是汽车导航信息服务的重要基础，因此目前的导航服务也出现了多方合作的特征，如Garmin和谷歌合作，利用谷歌强大的数据信息量为用户提供更加丰富的POI信息。

三、数据提炼与分析

经过调研，产生了大量的设计数据，包括107名参与者的基本信息，一天的故事，经过整理总共提取了71个车内导航相关任务，记录以照片、文字、视频和语音为主，与车内相关的交互设计问题，总结了近3200个设计点，其中与导航交互相关的共212个。图5-40为用户调研的资料整理，对每个用户的基本信息与调研具体内容进行了归类整理，并将重要信息进行提取标记。

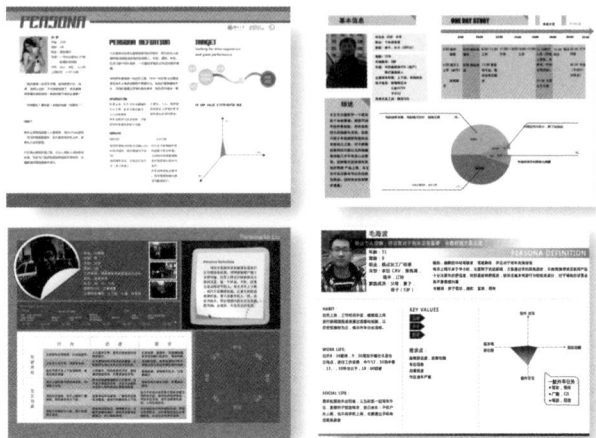

图 5-40　用户调研资料整理样本

四、设计点延伸

在经过用户调研与导航系统分析后，通过工作坊的形式，进行了头脑风暴等工作，针对调研收集和整理的信息进行了设计问题与设计机会点探索，总结了设计点并通过设计点记录表进行归类和整理，表内容主要包括用户编号、用户原话记录、设计问题和设计解决方案（图5-41）。

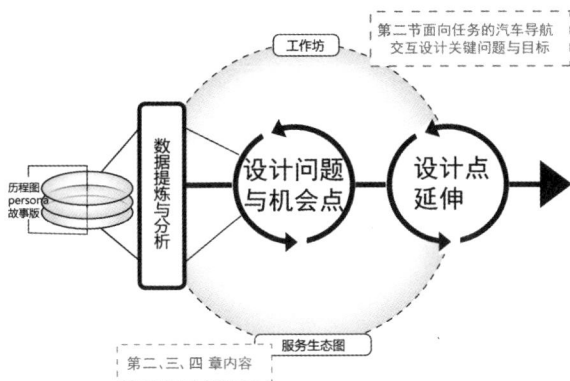

图 5-41 设计点延伸流程与方法

为了增强设计概念对用户活动及驾车移动出行中的信息需求，基于第2章出行活动属性分析的结论，在工作坊的过程中采用了构建导航服务生态图的形式增强设计要素的可用性，使设计概念的产生和完善过程更加系统和全面，满足用户领域任务的需求（图5-42、图5-43）。服务生态图的目的是描述服务参与者和利益相关人；研究组成服务或影响服务的因素；通过系统的方法产生新的概念，使设计融入社会和生活的大环境，对于拓宽设计空间非常有效[1]。图5-44为绘制的汽车导航服务生态图。

[1]Andy Polaine Lavrans. 服务设计与创新实践 [M]. 北京：清华出版社，2015：89.

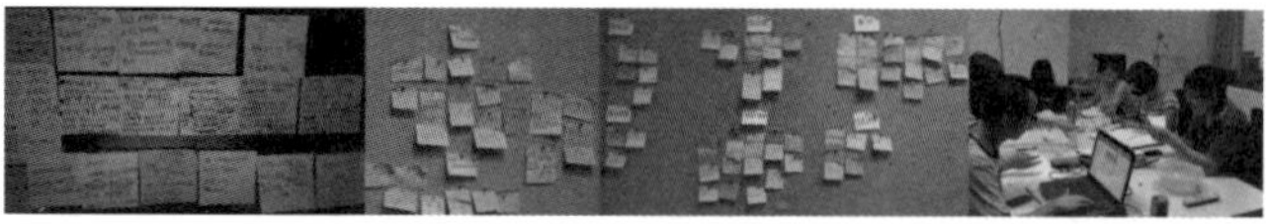

图 5-42　工作坊现场照片

图 5-43　群体导航与社交设计概念情境图

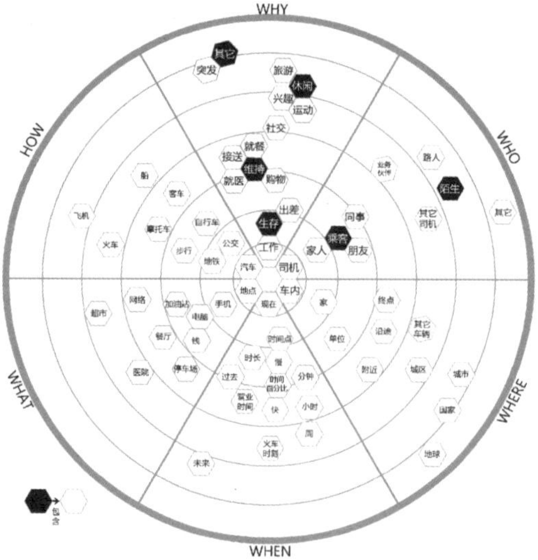

图 5-44　汽车导航服务生态图

五、设计概念与草图

　　根据延伸的设计点，提取了部分主要的设计概念，并将其细化为设计方案。设计方案针对不同的设计点，包括信息架构、语音设计、视觉设计、通道设计等（图5-45）。根据本书面向任务的汽车导航交互设计方法，对其中几个主要方案进行融合，统一了视觉风格，对信息架构和通道设计等内容进行了完善设计，完成了初步的设计原型（图5-46）。

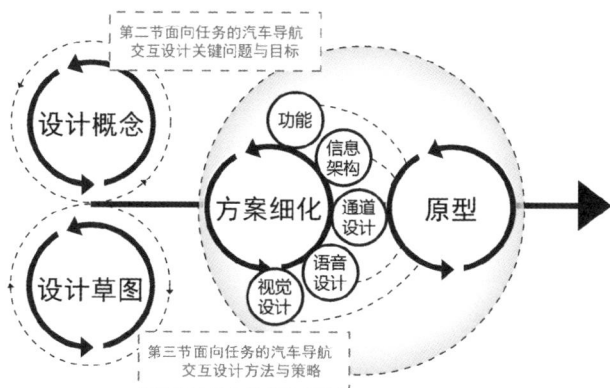

图 5-45

图5-46 导航设计概念（部分）展示
（设计团队）

六、主要设计概念阐述

1. 视觉设计

车内导航共设有三处显示界面，分别是中控界面（图5-47）、仪表盘界面和前挡风玻璃的抬头显示界面（图5-48、图5-49）。其中中控台的界面为直接操作的触屏界面，仪表盘及挡风玻璃界面通过方向盘和中控按键进行设置。导航在仪表盘的界面主要处理仪表盘信息（如警示标志、速度和电量等）同导航信息之间的关系（图5-50、图5-51），地图视图将以局部地图为主（图5-52~图5-54），突出转向指示信息。允许用户进行比例的定制化设置，可以将导航信息放置在仪表盘左右两边或者中间位置，速度与限速进行关联，可以及时提醒用户超速。

图5-47　中控台界面

图5-48　抬头显示界面

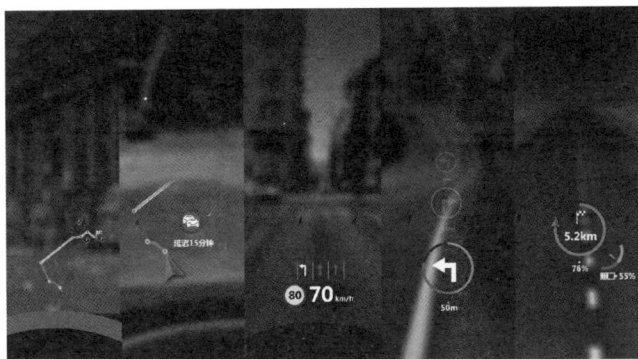

图 5-49　抬头显示界面

图 5-50　仪表盘界面

图 5-51　仪表盘界面

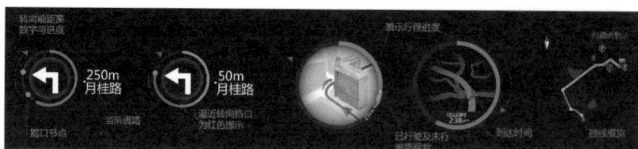

图 5-52　仪表盘导航信息可视化设计

图 5-53　仪表盘导航信息可视化应用 1

图 5-54　仪表盘导航信息可视化应用 2

2. 堵车情境下的交互设计

通勤用户往往在较为熟悉的路线往返,其路线的变化多受交通状况的影响,包括堵车、事故或临时的交通管制等。在这种任务情境下,体现在人机交互设计问题上主要是以下几方面：状况信息的出现及形式，导航系统通过应用任务完成了信息的提供过程，但用户任务需要对信息进行认知，用户需要重新面临选路的问题，包含对交通状况的理解以及决策过程。状况信息需要引起用户注意，并辅助用户的情境意识形成以减少认知和决策的过程。

设计概念。堵车时，根据结构型设计策略，在地图中标示堵车位置（图5-55中的a部分），图标的长度和颜色表达拥堵的长度和等级，便于用户评估堵车程度。根据用户预测情境和因果心理模型的特点，突出显示目前线路行程延时的时间，便于用户预测堵车对驾驶行程的影响；为用户推荐两个新线路（图5-55中的b部分），在地图显示具体路线；根据因果模型的设计策略，显示新路线简要信息，内容是与原路线的比较差异。其中包括时程差异、路长差异、转向的路口数量差异。用户可查询各路线详情（图5-55中的c部分）。用户可通过驾驶行为选择路线，如第二个路口直行选择路线1，右转选择原路线或路线2，第三个路口右转选择路线2，选择新路后，显示新路线导航信息（图5-55中的d部分）。

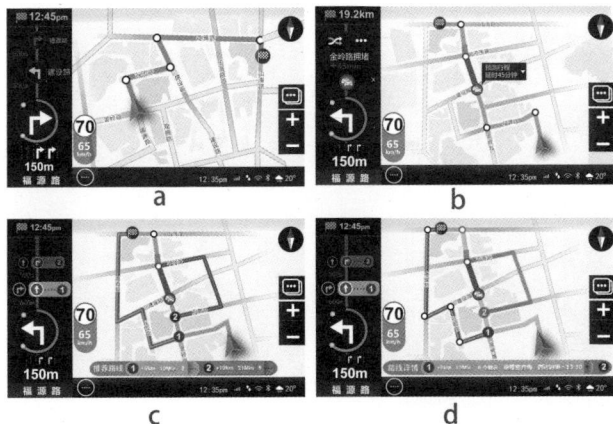

图 5-55 界面原型

3. 行程规划功能设计

为了使用户的路线设置更加符合用户的活动属性需求，在路线设置界面中增加了可以表述用户动机需求的选项，通过动机需求类型对用户搜索的信息进行筛选，提高用户在路线设置过程中的便捷性。在路线设置功能中增加未来时间设置，可设置将来某天或几周内行程，并可以共享到手机和可穿戴设备终端，设置起程提醒，提供出发时间、堵车和天气状况消息提醒。根据单次出行的往返任务结构特征，利用手机和智能手表进行车外导航任务延续，针对电动车功能有限性、停车位置与目的地距离较远等问题，提供公共交通换乘、步行路线指引和室内导航指引等功能。图5-56为多层建筑内的导航手机界面，包括停车场寻找车辆等。图5-57为智能手表界面，手表终端可下班时，主动提醒堵车信

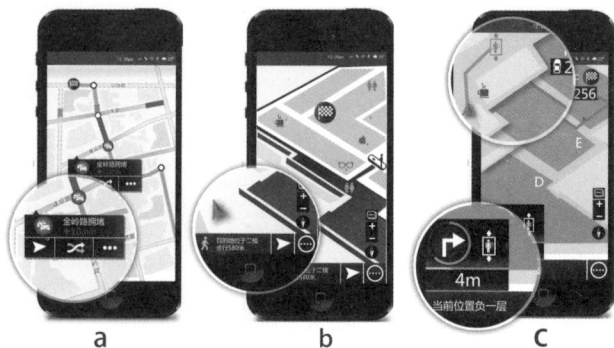

a   b   C

图5-56　手机界面

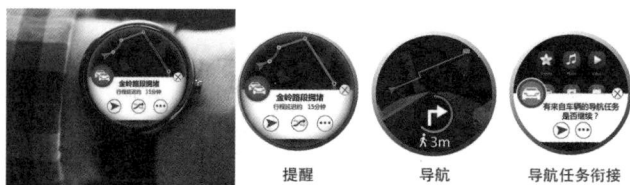

提醒　　　　导航　　　导航任务衔接

图5-57　智能手表界面

息，便于用户规划时间或更改路线，可以指引车辆停车后剩下的步行路线。

4. 多通道设计

根据第四章的内容，在进行汽车导航多通道交互操作的设计时，首先明确导航交互任务和汽车驾驶任务冲突的主要类型以及冲突的主要时机。通过对资源冲突内容及时间的明确，在此基础上对各个通道进行设计。

在多通道的设计过程中，首先对多通道任务进行多通道标示，目的是明确用户交互任务中，哪些任务适合以多通道协作的方式进行，哪些适合由单通道完成。对交互任务进行分集处理，分别建立单通道和多通道任务集。在多通道任务集中，对每个任务适合的通道类型进行设计。目的是在任务中发挥各个通道的优势并处理各个通道之间的协同作用，通过分类和具体设计，形成用户多通道交互的结构原型。在基于任务对多通道交互模式的结构进行梳理后，需要对多通道的任务表示进行设计，以明确各个任务在通道中的内容及具体的表示形式，帮助用户更好地理解任务的语义内容及参数。

在明确各任务的具体通道设计后，对多通道交互过程进行整合，主要是处理各个通道的顺序、关系即信息内容的互补性。

在多通道设计方法的基础上对交互任务以及面向用户任务的信息进行通道选择，明确通道的种类和次序关系，建立通道架构（图5-58），完成信息、注意力设计和交互操作之间的关系。在本设计方案中，为了增加人机交互中的灵活性，根据本书中任务分析的结论，将汽车导航人机交互中的通道关系分为平行和主次，行车前为平行，增加用户可定制性，如用户可使用触屏或语音中任一

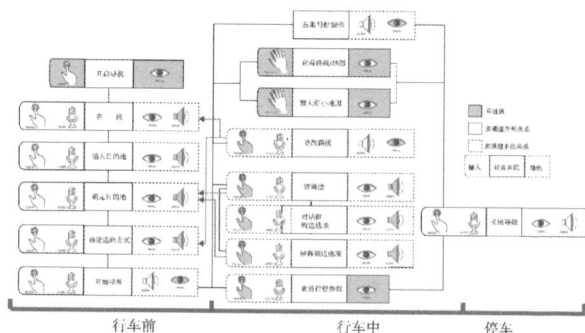

图 5-58　设计方案多通道架构

种完成操作。行车时交互以语音为主，其他通道为辅，汽车启动后主动开启语音即时待命状态。最后是完善各个通道之间的互应设计，如用户语音交互时，在视觉界面设计显示语音输入状态可视化信息等。

小结

　　本章根据前几章的内容对汽车导航交互设计方法进行了探讨。主要方法包括案例与文献双重引证。

　　1. 研究认为以任务为角度的交互设计方法目标是针对汽车导航的信息服务与交互建立一种系统化的设计方法，可以将用户、车及环境统一，将人的目标和系统及服务的目标统一，通过任务过程和任务目标等内容的协调合理分配人与机之间的行为，达到完成用户领域任务的最佳状态。结合第二、三、四章的内容，汽车导航人机交互过程具有一定的特殊性，为了明确设计关键问题和设计目标，研究首先将汽车导航人机交互过程中的任务作为设计对象，将汽车导航人机交互过程的任务进行了类型化分类，界定任务的主要类型包括用户任务、交互任务、驾驶任务以及应用任务。提出用户利用汽车导航系统完成路线规划和移动任务的过程也是这些任务相互交替转换的过程。每种任务完成的主体及机制各有特点，对于交互设计工作具有不同的要求，以任务的类型为线索，归纳了交互设计针对每种任务的设计关键问题和目标。

2. 设计关键问题和目标描述了交互设计工作需要解决的问题和规则，对设计工作起到宏观的指导意义，在设计关键问题和目标的结论基础上，本章结合前几章的内容，从微观的角度讨论了面向任务的交互设计方法和策略，设计方法与策略以交互设计中的具体设计对象为线索，梳理了设计方法的具体内容，包括面向任务的信息组织与架构设计；面向任务的信息表达设计；面向任务的交互操作以及面向任务的多通道整合设计。设计方法和策略从微观的角度对宏观的设计关键问题和目标进行了细化和明确。

3. 本章将研究提出的设计方法应用到实际的设计项目中，进行了设计方法实践。设计过程包含设计调研、数据提炼与分析、设计问题与设计点发现、设计概念与草图、设计细化整合、原型构建和用户评估几个部分。在项目的设计流程中植入了本书的理论与设计方法成果。实践证明，本书的内容对汽车导航的交互设计工作具有一定的指导意义，可行性得到了初步验证。

后记

汽车对于现代城市居民的出行具有重要意义，而汽车导航系统的使用则与人们出行生活紧密联系，通过汽车导航信息，驾车用户可以更好地管理移动出行行为，使出行更加安全、有效和更具体验性。汽车导航系统也是城市智能交通系统重要的组成部分，通过对个体出行行为的改善，可以有效缓解城市交通压力和污染等问题。汽车导航的人机交互过程关系汽车导航功能实现的效率，也对驾驶安全性有直接的影响。

本书从任务分析的角度以汽车导航的交互设计为主要研究内容，主要研究问题包括以下两个方面。第一个方面：汽车导航系统是车内重要的辅助驾驶系统，其功能主要是提供基于位置的信息服务，帮助驾车用户完成路线规划任务。路线规划是一项涉及空间认知及空间行为规划的策略型任务，用户完成路线规划需要掌握必要的任务知识，经过认知、决策和执行等一系列过程，而汽车驾驶过程中的路线规划任务受到多种因素的影响，驾车移动任务跨越一定的空间和时间维度，行车路网环境的不确定性和用户出行需求的多样性导致对汽车导航系统功能及交互需求的特殊和层次性特征。如何分析用户对汽车导航系统功能及交互的需求特征，将驾车移动过程中的路线规划任务需求特征映射到交互设计中以提高汽车导航系统功能及交互的可用性、有效性和体验性是本书研究的第一个主要问题。驾车用户在使用汽车导航的人机交互过程中，用户与导航系统的交互行为属于车内次驾驶任务，由此造成车内典型的多任务特征，交互行为与驾驶行为形成一种紧密又冲突的关系。分析冲突关系的特征并通过交互设计方法协调处理导航交互行为与驾驶行为的关系，减少任务冲突和安全隐患，增强导航的辅助驾驶优势，减少干扰驾驶任务产生的副作用是本书研究的第二个主要问题。

本书研究的基本内容与本书基本结构基本一致。第一章以任务分析、车内交互及汽车导航交互设计研究为学术背景,定义了本书研究的范畴、术语与关键问题。综述了任务分析、车内交互与汽车导航交互设计研究文献和选题背景及意义。第二章通过文献研究、案例分析与实验引证的方式，对汽车导航路线规划领域任务与汽车导航人机交互任务进行研究。明确了汽车导航领域任务需求与功能之间的映射关系以及汽车导航路线规划任务中的任务结构特征。第三章以第二章的结论为主要依据，根据路线规划任务的属性特征及车内交互特点，以汽车导航人机交互任务中的任务认知与决策为主要研究内容，结合任务情境特征，明确了用户的决策机制，以情境意识理论为基础，梳理了汽车导航情境意识结构与内容，提出情境意识构建中的三种主要的心理模型与情境意识形成的关系。第四章内容结合多通道交互模式分析对汽车导航人机交互任务资源进行研究，构建了导航人机交互中的多通道交互模型，明确了各通道交互特征，提出了导航交互任务与驾驶任务资源冲突特点。第五章内容以前几章内容为依据，探讨汽车导航人机交互设计方法与策略，通过用户任务、交互任务和应用任务的划分，宏观上明确了设计的关键问题与目标，微观上以设计工作的具体对象为线索，提出了面向任务的信息组织与架构、信息表达、交互操作和多通道整合设计方法与策略，并通过设计实践对设计方法的可行性进行了验证。

就本书研究的创新点而言，本书以任务分析为主要的研究切入点对汽车导航人机交互设计相关问题进行了探讨，包括领域任务特征、相关要素及其与汽车导航人机交互任务之间的映射关系分析、汽车导航人机交互任务中的任务特征分析等。通过任务的角度将汽车导航需求、功能与实现进行了系统化和层次性研究，并以此为交互设计方法提供支撑，对于提高汽车导航系统的可用性、体验性和安全性具有重要的理论价值。

1. 本书研究方法和研究思路上的创新主要包括：

（1）本书在汽车导航交互设计相关问题研究中引入了设计学、认知心理学、地理学、交通运输和计算机等学科相关理论，具有多学科理论特征。以认知心理学中的问题求解理论为主要切入点，将汽车导航系统应用工具对用户领域任务中问题求解过程的帮助作为出发点，引入任务知识、对象、目标和类型等概念，对汽车导航人机交互设计相关问题进行了较为系统和全面的分析与研究。

（2）在研究方法上根据汽车导航领域任务与人机交互任务特征，针对研究的不同阶段和内容采用了文献研究、实验引证、用户深度访谈、问卷调查、现场跟踪、案例分析与引证等研究方法。

2. 本书的理论成果和创新主要有以下四个方面：

（1）对汽车导航人机交互中的路线规划领域任务特征及影响因素进行了系统和深层分析，提出了汽车导航系统功能及交互对路线规划任务的作用机制，明确了汽车导航人机交互任务与领域任务的映射关系，提出汽车导航人机交互过程中路线规划任务的主要任务类型及任务结构特征。

研究提出路线规划任务是一种基于空间认知与空间知识的策略型任务，受任务目标及任务知识的影响，其任务输出主要是作用于空间移动的行为计划。根据空间认知及寻路任务过程的分析，提出路线计划由说明、关系和程序三部分内容组成，并通过用户实验进行了验证。针对汽车驾驶中的路线规划任务，分析了影响路线规划的主要因素，提出驾车路线规划任务特征不仅受驾驶任务本身的影响，也受到人们生活形态及出行活动属性的影响。针对出行活动的研究中，提出出行活动需要派生驾车出行及移动任务，对路线规划任务特征起到关键的影响作用。研究分析了活动的属性及结构特征，明确了其对路线规划任务的影响机制，从驾驶任务的属性及结构分析中，提出路线规划任务是驾驶任务的策略层任务，根据驾驶任务特征分析结论，提出路线规划任务是汽车主驾驶任务中的重要组成部分，而技术型和控制型任务是路线规划的执行部分。明确了汽车导航系统及交互与驾车出行活动、移动任务及路线规划任务的关系特征及相互影响机制，从任务的角度提出导航信息内容与任务的关系模型。通过领域任务与人机交互任务的映射关系，将汽车导航的人机交互任务分为路线设置和路线引导两个主要的任务类型，分析了两种类型任务在交互意图及方式上存在差异性特征。提出汽车导航系统的使用使原有的路线规划任务在任务结构及对象上发生改变，造成了汽车导航使用中的路线规划任务的特殊性，整个任务过程具有深而窄的任务结构特征，人机交互任务与驾驶任务密切关联。

（2）研究认为，路线规划任务是一项行为规划任务，任务知识的获取及加工直接影响任务的完成效果，基于汽车导航过程中路线规划任务情境及任务相关知识特征分析结论，明确了汽车导航中用户的路线规划任务决策机制。结合情境意识理论对汽车导航交互过程中的情境意识特征进行分析，提出汽车导航情境意识中感知、理解和预测的内容及特征。根据情境意识的形成机制，提出心理模型是构建情境意识的关键因素，将情境意识划分为结构、因果和时序模型，明确三部分模型的具体内容及与情境意识构建作用，及其与汽车导航人机交互任务的关系。

研究提出汽车导航的使用改变了用户原本路线规划任务中的认知和决策机制，对导航系统信息的认知及决策代替了传统的用户对环境的认知和决策过程，成为驾车用户路线规划任务中的重要任务。对导航信息的认知与驾驶任务中的认知形成了一定的竞争，造成导航信息认知与决策的时间和认知压力，用户需要在有限的时间内对导航信息内容进行认知，并对路线规划进行决策，因此作为快速认知形式的用户情境意识是关系用户任务效率与安全的关键。本书根据情境意识三级模型理论提出汽车导航情境意识中感知、理解和预测的主要内容及特征，情境意识形成的过程研究中，提出心理模型是形成快速感知、理解和预测的重要因素，结合第2章的领域任务分析结论，提出心理模型由结构模型、时序模型和因果模型构成，并在情境意识中起到不同的作用，结构模型与空间认知相关，时序模型与路线计划的时间及空间程序相关，因果模型则与预测和决策相关，汽车导航信息的形式与内容需匹配用户心理模型特征才能构建良好的情境意识。

（3）与驾驶任务的冲突是汽车导航人机交互中的重要问题，本书通过对汽车导航多通道交互过程的分析，构建了汽车导航多通道交互模型，归纳各个通道的功能、技术支持及设计要素特点，结合驾驶任务资源分析，提出了汽车导航人机交互任务与驾驶任务资源冲突特点，为汽车导航交互设计减少多任务造成的安全性问题提供了理论依据。

研究提出，多通道交互是目前汽车导航的主要交互模式，通过对人机交互任务的分析构建了汽车导航多通道交互模型。研究提出车内驾驶的特殊性及车内智能化的增加使汽车导航人机交互中的各通道承担不同的作用，包含不同的设计要素，并不断受到新技术的影响，分别对主驾驶任务中策略任务、控制任务和技术任务的资源特点进行分析，明确了其与导航人机交互任务的冲突特点，提出策略任务以脑力认知资源为主（即与导航信息的认知关系紧密），技术任务则是以环境观察为主，以视觉资源为主，主要与导航人机交互中的视觉交互有冲突，控制任务以肢体的动作输出为主，与交互中的动作操作冲突明显，主驾驶任务与导航的任务资源冲突与驾驶任务的阶段和情境相关，不同的驾驶阶段及不同的任务情境会导致冲突的差异性。另外，副驾驶任务和非驾驶任务也与汽车导航人机交互具有冲突性，影响汽车导航人机交互任务。

（4）研究认为从领域任务转换为交互任务的过程需要用户将领域任务目标转换为交互意图，通过人机交互任务获得的价值与意义用于完成下一步的任务，因此移动任务及路线规划任务的完成依赖于用户、导航系统及汽车任务之间的不断转换。根据第二、三、四章的内容，研究将汽车导航人机交互任务划分为用户任务、导航系统应用任务和交互任务，提出三种任务设计的关键问题与目标，并在此基础上以交互设计具体对象为线索，从微观的角度，提出了面向任务的交互设计方法与策略。

研究提出，从用户的任务过程看，任务的完成过程实际是从高层总任务与总目标到底层子任务及子目标的转换过程，汽车导航系统功能的实现实际是以帮助和替代部分任务的形式参与了用户领域任务完成。汽车导航人机交互任务为领域任务的完成提供了有用的价值与意义，这也正是用户的交互意图所在。研究将人机交互任务中的任务具体划分为用户任务、交互任务和应用任务，提出用户任务以认知任务为主，是获取交互语义并应用到领域任务规划的部分，独立于交互任务和应用任务。交互任务是具有一定复杂度的人机对话任务，需要完整的任务输入与输出，用户需要通过输入表达意图，系统则需要根据输入计算输出信息。应用任务是导航系统自行完成的任务，提供的是主动的隐式交互，不需要用户输入表达意图。根据任务分类提出在人机交互设计中针对每类任务内容及特征的设计关键问题与目标，从宏观上提供了交互设计的高层指导意义，为了明确更具体的设计方法，在关键问题与目标的结论上以汽车导航人机交互设计的具体对象为线索提出了汽车导航人机交互设计方法与策略，具体内容包括：面向任务的信息组织与架构设计；面向任务的信息表达设计；面向任务的交互操作以及面向任务的多通道整合设计。根据本书的研究内容及结论，将第5章中的汽车导航交互设计方法应用到设计实践中，通过一个完整的交互设计案例对本书的设计方法加以初步验证。设计方案原型在用户评估中得到了良好的满意度水平，证明本书的研究内容及方法结论对汽车导航的交互设计工作具有一定的指导意义。

3. 研究的不足与期望

囿于笔者的能力水平及客观条件，关于汽车导航交互设计的研究还处于初步探索和实验阶段，许多研究工作尚待进一步的完善，本书不足和未来的工作主要包括以下内容。

（1）从交互设计理论角度。本书面向人机交互过程中用户领域任务、交互任务以及应用任务特征及关系的交互设计方法还需进行更深层和更系统的研究。包括任务分析的方法及提取有效设计知识等方面。如何利用任务分析的方法提升交互设计工作的质量是本课题在理论层面需要未来进一步研究的重要方面。

（2）从研究对象和范围角度。驾车出行活动的属性具有复杂的多样化特征，而驾车出行的环境又具有动态性特征，两者造成了汽车导航用户任务情境的复杂性和动态性。本书主要以城市路网系统下一般城市居民的导航出行为主要研究对象，对特殊车辆（卡车、房车或客车等）及特殊出行（如越野探险）领域导航需求及交互设计研究较少，在未来针对用户不同的出行、导航需求及使用方式需求还需进一步进行分类研究。

（3）从交互设计研究内容角度。在分析汽车导航下用户情境意识的过程中，本书主要分析了汽车导航过程中用户情境意识形成的信息加工过程及影响情境意识的心理模型特征。情境意识及相关理论对人机交互过程中的可用性研究具有较好的指导意义。由于本书并未涉及对汽车导航交互设计的可用性测试等问题，如何利用情境意识等相关理论进行汽车导航人机交互过程中的可用性问题研究是本课题未来的研究方向之一。

（4）从技术角度。汽车导航交互设计不仅与用户的生活形态相关，也与整个交通系统及城市的发展密切相关，智能交通系统的进步和完善，汽车智能化的发展以及汽车导航系统的技术性更新都会对汽车导航的交互设计方法产生重要的影响，面对日益更新的网络和技术特点，汽车导航的交互设计在具体设计方法层面还需根据技术和社会特征做出不断的调整。

参考文献

[1] 刘伟，庄达民，柳忠起．人机界面设计 [M]．北京：北京邮电大学出版社，2011．

[2]Jennifer Preece，Yvonne Rogers. 交互设计 [M]．北京：电子工业出版社，2003．

[3] 班格，温霍尔德．移动交互设计精髓 [M]．北京：电子工业出版社，2015．

[4]Jon Kolko. 交互设计沉思录 [M]．北京：机械工业出版社，2012．

[5]Alan Cooper. 交互设计精髓 3[M]．北京：电子工业出版社，2012．

[6]Laurel's B，Computers as Theatre[M].Addison-Wesley Professional；2 edition,2013．

[7]Norman，设计心理学 [M]．北京：中信出版社，2010．

[8]Xenakis I，Arnellos A. The relation between interaction aesthetics and affordances[J].Design Studies，2013，34(1)．

[9]Dan Saffer，交互设计指南 [M]．北京：机械工业出版社，2010，6．

[10]Annett J . Hierarchical Task Analysis (HTA)[M].2004：248．

[11]Brinck，T.，Gergle D.，& Wood,S.D.(2002).Usability for the Web：Designing Web sites that Work. San Francisco：Morgan Kaufmann.

[12] 罗士鉴，朱上上，用户体验与产品创新设计 [M]．北京：机械工业出版社，2010．

[13]Weimer J.Research Techniques in Human Engineering[M]. Johns Hopkins Press，1959．

[14] 李娟妮，华庆一，张敏军．人机交互中任务分析及任务建模方法综述 [J]．计算机应用研究,2014,31(10)．

[15]Boyle E ，Rosmalen P V ,Manea M . Cognitive Task Analysis[M]. L. Erlbaum Associates,2000．

[16]Card S K ,Moran T P,Newell A .Extensions of the GOMS Analysis[M].2018．

[17] 骆斌，冯桂焕．人机交互 [M]．北京：机械工业出版社，2012：148-149．

[18] 董士海等．人机交互 [M]．北京：北京大学出版社，2004，93．

[19] 王知津等．活动理论视角下的情报学研究及转向模型 [J]．图书情报知识，2012．

[20] 吕巾娇等．活动理论的发展脉络与应用探析 [J]．现代教育技术,2007(1)．

[21]Donald A. Norman. Human-Centered Design Considered

Harmful[M].interactions, 2005：14-19.

[22]Sabine Timpf, Geographic Task Models for Geographic Information Processing[C]. Meeting on Fundamental Questions in Geographic Information Science,2001：217-229.

[23]Dnyanesh Rajpathak, Enrico Motta, Zdenek Zdrahal, et al. A Generic Library of Problem Solving Methodsfor Scheduling Applications[C].International Conference On Knowledge Capture Proceedings of the 2nd international conference on Knowledge Capture. Sanibelisland, FL, USA, 2003:113-120.

[24]Kurakake S, Yamazaki K, Imai K. Real-World-Oriented Service Platform Based on the Task Model[J]. IEEE Communications Magazine, 2006：44(9), 72-78.

[25]Mcknight A J, Adams B B. Driver Education Task Analysis. Volume 1：Task Descriptions[J]. Final Report Contract, 1970(1):157-162.

[26]RienerA .Sensor-Actuator Supported Implicit Interaction in Driver Assistance Systems[M]. Vieweg Teubner,2010.

[27][美] 赫伯特 A. 西蒙 . 管理行为 [M]. 北京:机械工业出版社, 2004

[28] 车云网 . 车联网：决战第四屏 [M]. 电子工业出版社 ,2014.

[29] 陈飞翔 . 面向 LBS 的移动空间信息服务研究 [J]. 计算机工程与应用 .2008，44(13) 217.

[30]Brenda Laurel . 人机交互与戏剧表演 [M]. 北京 :机械工业出版社, 2014：21.

[31]Zimmer H D, S Münzer,Baus J .From Resource-Adaptive Navigation Assistance to Augmented Cognition[M]. Springer Berlin Heidelberg, 2010.

[32]Sasajima M , Kitamura Y , Naganuma T , et al. Task Ontology-Based Framework for Modeling Users' Activities for Mobile Service Navigation[J]. Proceedings of Posters & Demos of Eswc Budva Montenegro, 2006.

[33]Wu L .Skeuomorphism and Flat Design：Evaluating Users' Emotion Experience in Car Navigation Interface Design[C]. 4th International Conference, DUXU 2015, Held as Part of HCI International 2015, Los Angeles, CA, USA, August 2-7, 2015, Proceedings, Part I. Springer International Publishing, 2015：567-575.

[34]Fukazawa Y，Luther M，Wagner M，et al. Situation-aware Task-based Service Recommendation. 2006.

[35]Markus Hipp, Florian Schaub .Interaction Weaknesses of Personal Navigation Devices[C].Proceedings of the Second International Conference on Automotive User Interfaces and Interactive Vehicular Applications (AutomotiveUI 2010)，November 11-12，2010，Pittsburgh，Pennsylvania，USA，129-136.

[36]Papatzanis G,Curzon P,Bl A.Identifying Phenotypes and Genotypes：A Case Study Evaluating an In-Car Navigation System[C]. DBLP, 2008:227-242.

[37]Timpf S. Geographic Task Models for Geographic Information Processing[C]：Meeting on Fundamental Questions in Geographic Information Science,2001：217-229.

[38] 李清泉 . 交通地理信息系统技术与前沿进展 [M]. 北京：科学出版社，2012.

[39]Carroll J M，Olson J R.Mental Models in Human Computer Interaction：Research Issues about What the User of Software Knows. 1987.

[40]Gunnar Johannsen. Human-machine Interaction. Control Systems,Robotics,and Automation Vol.XXI.

[41] 华庆一 . 以用户为中心的系统分析、建模与设计过程研究 [D]. 西北大学，2006.

[42]Y Waern.On the Implications of Users' Prior Knowledge for Human-Computer Interaction[C].European Conference on Readings on Cognitive Ergonomics-mind & Computers. Springer-Verlag, 1984.

[43] 董建明，傅利民，Gavriel Salvendy. 人机交互：以用户为中心的设计和评估 [M]. 北京：清华大学出版社 ,2003.

[44] 李新旺，刘金平 . 决策心理学 [M]. 开封：河南大学出版社，2003：43.

[45]D.Norman. The Psychology of everyday things, BasieBooks [M],NewYokr,1988.

[46]Dan Saffer. 交互设计指南 [M]. 北京：机械工业出版社，2010：31.

[47]Richter K F，Winter S. Landmarks：GIScience for Intelligent Services[J]. Citation, 2014.

[48]Golledge R.G. Place recognition and way finding:making sense of space, Geoforum, 1992, 23 (2), 199-214.

[49]Lynch K A. The Image of the City. MIT Press, 1971.

[50]Lloyd R.Spatial Cognition——Geographic Environment[M]. Dordecht:Hluwer Acadamic Publishers,1997.

[51]Barkowsky, T. 2001. Mental processing of geographic knowledge[c]. Spatial Information Theory-Foundations of Geographic Information Science. D. R. Montello. Berlin: Springer. 371—386.

[52]Golledge R.G. Wayfinding Behavior [M]. Johns Hopkins University Press,1998：31.

[53]M Benakiva, MJ Bergman, AJ Daly, 等. Modelling Inter Urban Route Choice Behaviour[C]. Papers Presented During the Ninth International Symposium on Transportation & Traffic Theory Held in Delft the Netherlands. 1984.

[54]Bonsall PW & May AD.Route choice in congested urban networks[C]. In: Research for Tomorrows' Transport Requirements 1986：1407—1425.

[55]Huchingson RD, McNess RW & Dudek CL (1977) Survey of motorists' route selection criteria.Transportation Research Record 643：45—48.

[56]John A. Michon, Human Behavior and Traffic Safety[M]. Springer-Verlag US,1985：485—524.

[57]Michon J A . A Critical View of Driver Behavior Models: What Do We Know, What Should We Do?[J]. Human Behaviour & Traffic Safety, 1985.

[58]陶鹏飞. 基于心理场理论的驾驶行为建模 [D]. 吉林大学，2012.

[59]Stuts J C.The role of driver distraction in trafic rashes[M]. Washington, DC: AAA Foundation for Trafic Safety,2001.

[60]Tanida K ,P Ppel E .A hierachical model of operational anticipation windows in driving an automobile[J].Cognitive Processing, 2006,7(4):275—287.

[61]柴彦威，沈洁. 基于居民移动——活动行为的城市空间研究 [J]. 人文地理：2006：5(91):108—112.

[62]Klein S B. Motivation: Biosocial Approaches[M].New York: Mc-Graw Hill, 1982.

[63]Chapin F S Jr. Human Activity Patterns in the City:Things People Do in time and in Space[M].New York: John Wiley&Sons,Inc.1974：21—42.

[64]张文佳，柴彦威. 基于家庭的城市居民出行需求理论与验证模型 [J]. 地理学报，2008,63(12):1246—1256.

[65]Lu X,Pas EI.Socio-demographics,activity participation and travelbehavior[J].Transportation Research Part A: Policy and

Practice,1999,33(1):1-18.

[66]戴晓峰，成卫. 基于出行决策的出行信息认知模式研究 [J]. 人类工学 ,2011,17(1):181-186.

[67]Donald A. Norman.Living with Complexity[M].London:The MIT Press，2010：113.

[68]Martin Raubal，Harvey J,Scott Bridwell.User-Centred Time Geography For Location-Based Services,86(4)：245-265.

[69]Jones P. M., The analysis and modelling of multi-trip and multi-purpose journeys[J]. Nuffield Conference on Multi-trip and Multi-purpose Journey, 1975.

[70]Stephen C. Hirtle, Sabine Timpf. The Effect of Activity on Relevance and Granularity for Navigation[M]. Egenhofer et al: COSIT 2011, LNCS 6899, 2011:73-89.

[71]Tversky, B. & Lee, P.U.. How space structures language. In C. Freksa, C. Habel, K.F. Wender (eds.), Spatial Cognition. An Interdisciplinary Approach to Representing and Processing Spatial Knowledge ,1998:157-175.

[72]Daniel,, M.-P. &Denis, M.. Spatial descriptions as navigational aids: A cognitive analysis of route directions[J]. Kognition swissens chaft, 1998(7):45-52.

[73]Michael P, Peterson. Location Based Services and Telecartograpy[M].Springer-Verlag Berlin Heidelberg 2007：205.

[74] 杨炳儒，基于内在认知机理的知识发现理论 [M]. 北京 :国防工业出版社，2009.

[75] 周影. 基于空间认知的路径查找模型的设计与实现 [D]. 陕西师范大学 .

[76] 晓红. 基于空间认知的网络地图设计与评价研究 [D]. 武汉大学，2013.

[77] 李伯约 .自然语言理解的心理学原理 [M].上海 :上海学林出版社，2007：76.

[78]F. 瓦雷拉 .具身心智 :认知科学和人类经验 [M]. 杭州 :浙江大学出版社 ,2010.

[79]Coutaz J, Crowley J L, Dobson S，et al. 2005.context is Key[J].communications of the ACM,48(3):49-53.

[80]Donald Norman. 设计心理学 [M]. 北京 :中信出版社，2010：69.

[81]Kantowitz B，Suchman L A . Plans and Situated Actions: The Problem of Human-Machine Communication[J]. The American Journal of Psychology, 1991, 103(3):424.

[82] 陈媛媛. 基于活动的情境感知模型与情境感知交互设计 [D]. 大连海事大学.

[83] 库尔德, 勒温. 拓扑心理学 [M]. 北京 :北京大学出版社，2011 : 1.

[84] 李新旺, 刘金平. 决策心理学 [M]. 开封 :河南大学出版社，2003.

[85] 马张宝. 旅游出行决策支持系统的方法和技术研究 [D]. 山东科技大学，2009.

[86]Piet H.L. Bovy, Eliahu Stern. Route Choice Models[M]. Kluwer Academic Publishers,46.

[87]Adler,Jeffrey L. Route choice：Wayfinding in transport networks[J]. Transportation Research Part A Policy & Practice, 1993, 27(4):338-339.

[88]Busemeyer J R , Townsend J T . Decision Field Theory：A Dynamic-Cognitive Approach to Decision Making in an Uncertain Environment[J]. Psychological Review, 1993 : 100(3):432-459.

[89]Arthur P, Passini R. Wayfinding：People, Signs and Architecture[J]. Print, 1992.

[90]Dr, Yuichiro, Anzai. Cognitive Control of Real-Time Event-Driven Systems[J]. Cognitive Science,1984 : 8(3):221-254.

[91]Jagacinski R J , Miller R A.Describing the Human Operator's Internal Model of a Dynamic System[J].Human Factors The Journal of the Human Factors and Ergonomics Society, 1978, 20(4):425-433.

[92]N.A.Stanton, P.R.G.Chambers, Piggot.t .Situational Awareness and Safety [J]. Safety Science, 2001, 39(2): 189-204.

[93]Endsley M R , Garland. Situation Awareness Analysis and Measurement. Lawrence Erlbaum Associates, 2000.

[94]Matthews M , D Bryant, Webb R, et al. Model for Situation Awareness and Driving：Application to Analysis and Research for Intelligent Transportation Systems[J]. Transportation Research Record Journal of the Transportation Research Board, 2001, 1779:26-32.

[95]Gugerty, L.J., Tirre, W.C., 2000. Individual difference in situation awareness. In: Endsley, M.R., Garland, D.J(Eds.), Situation Awareness Analysis and Measurement,pp. 249-276.

[96]Ma R , DB Kaber. Situation awareness and workload in driving while using adaptive cruise control and a cell phone[J]. International Journal of Industrial Ergonomics, 2005, 35(10):939-953.

[97]Carroll，J. M.，& Olson，J. R. (1987). Mental models in human-computer interaction：Research issues about what the user of software knows[C]. Committee on HumanFactors, Commission on Behavioral and Social Sciences and Education(1987).

[98] 罗伯逊 . 问题解决心理学 [M]. 中国轻工业出版社 , 2004.

[99] 马晓丽 . 刻意曲解的图式与心理模型建构解析 [J]. 山东理工大学学报 (社会科学版)，2014，000(006)：102-105.

[100]N.A.Stanton ，P.R.G.Chambers. Piggott.Situational awareness and safety[J].Safety Science,2001,39:189-204.

[101]John A. Michon .A critical view of driver behavior models：what do we kenow，what should we do? Human behavior and traffic safety. New York：Plenum Press ,1985.

[102] 刘双，完颜笑如，庄达民，等 . 基于注意资源分配的情境意识模 [J]. 北京航空航天大学学报 ,2014,10(8):1066-1071.

[103]Wickens C D，Damos D L. Processing resources and attention[M].1991.

[104]Andreas Riener, Sensor-Actuator Supported Implicit Interactionin Driver Assistance Systems[M], Wiesbaden ：Vieweg Teubner, 2010.

[105] 李丽，袁玫 . 使用车载导航系统下驾驶员脑力负荷影响因素分析 [J]. 安全与环境学报，2011，11 (6) :202-204.

[106] 叶晓林 . 认知负荷对驾驶员视觉注意影响的眼动研究 [D]. 天津师范大学 .

[107]Ing-Marie Jonsson and Fang Chen. In-vehicle information system used in complex and low traffic situations：Impact on driving performance and attitude. In HCI (6), pages 421-430, 2007.

[108]Driel C V，Arem B V. Investigation of user needs for driver assistance：results of an Internet questionnaire[J]. European Journal of Transport & Infrastructure Research, 2017，5(4):297-316.

[109] 熊哲宏 . 认知科学导论 [M]. 华中师范大学出版社 , 2002.

[110]R.L. French. In-vehicle navigation status and safety impacts. [J]. Technical Papers from Ites , 1990:226-235.

[111]G. Labiale. Influence of in-car navigation map displays on driver performances. SAE Technical Paper Series 891683, Society of Automotive Engineers,Warrendale, 1989.

[112]GE. Bumett. Usable Vehicle Navigation Systems ：Are We There Yet[C].Electronic Systems Conference,2000.

[113]Kenneth Majlund Bach.You Can Touch, but You Can't Look: Interacting with In-Vehicle Systems[J].CHI 200 8 Proceedings.Tangibles: Input & Output, 2008, 10:1139-1148.

[114]StevenHeim. 和谐界面——交互设计基础 [M]. 北京, 电子工业出版社 : 2008.

[115]Erp J . Tactile displays for navigation and orientation : perception and behaviour[J]. Utrecht University, 2007.

[116]Tobias Schwarz, Simon Butscher, Jens Mueller, Harald Reiterer.Content-aware navigation for large displaysin context of traffic control rooms.

[117]Brit Susan Jensen.Studying Driver Attention and Behaviour for Three Configurations of GPS Navigation in Real Traffic Driving[J].CHI 2010: Driving, Interrupted, 2010, 15:1271-1280.

[118]Riener A . Sensor-Actuator Supported Implicit Interaction in Driver Assistance Systems[M]. Vieweg Teubner, 2010.

[119]Brit Susan Jensen.Studying Driver Attention and Behaviour for Three Configurations of GPS Navigation in Real Traffic Driving[J].CHI 2010: Driving, Interrupted, 2010, 15:1271-128.

[120]Muggr, Goversp, SchoormansL.The Developmentand Testing of a Product Personality Scale[J].Design Studiess, 2009 (30): 287—302.

[121]谭浩,李薇,谭征宇 . 车载信息系统三维手势交互产品设计研究 [J]. 包装工程 ,36(18).2015 : 45-53.

[122]Liu Y C . Comparative study of the effects of auditory, visual and multimodality displays on drivers' performance in advanced traveller information systems.[J]. Ergonomics, 2001, 44(4):425-442.

[123]Platten F ,Schwalm M ,Huelsmann J,et al. Analysis of compensative behavior in demanding driving situations[J]. Transportation Research Part F Psychology & Behaviour, 2014 (26) :38-48.

[124]Ma R , DB Kaber. Situation awareness and workload in driving while using adaptive cruise control and a cell phone[J]. International Journal of Industrial Ergonomics, 2005, 35(10):939-953.

[125] 胡飞 . 中国传统设计思维方式探索 [M]. 北京 :中国建筑工业出版社, 2007.

[126] 唐纳德·A·诺曼, 好用型设计 [M]. 北京 :中信出版社, 2007 : 50.

[127] 李乐山. 人机界面设计 (实践篇)[M]. 科学出版社 , 2009.

[128]Paternò F, Mancini C, Meniconi S. ConcurTaskTrees: A Diagrammatic Notation for Specifying Task Models[C]. Proceedings of International Conference on Human-computer Interaction. Sydney, Australia: ACM Press, 1997: 362-369.

[129]Sandom C. Situation awareness[M].IET Digital Library, 2001.

[130]Andy Polaine Lavrans. 服务设计与创新实践 [M]. 北京 :清华出版社，2015.